党建引领

混合所有制的北元模式

本书课题组

学习出版社

图书在版编目（CIP）数据

党建引领：混合所有制的北元模式 / 《党建引领》
课题组编著. -- 北京：学习出版社，2024. 10.
ISBN 978-7-5147-1288-9

Ⅰ．F426.7

中国国家版本馆CIP数据核字第2024BC9222号

党建引领
DANGJIAN YINLING
——混合所有制的北元模式
本书课题组

责任编辑：李　岩
技术编辑：朱宝娟
装帧设计：映　谷

出版发行：学习出版社
　　　　　北京市崇外大街11号新成文化大厦B座11层（100062）
　　　　　010-66063020　010-66061634　010-66061646
网　　址：http://www.xuexiph.cn
经　　销：新华书店
印　　刷：北京联兴盛业印刷股份有限公司

开　　本：710毫米×1000毫米　1/16
印　　张：10
字　　数：121千字
版次印次：2024年10月第1版　2024年10月第1次印刷

书　　号：ISBN 978-7-5147-1288-9
定　　价：46.00元

如有印装错误请与本社联系调换，电话：010-66064915

编委会

前　言

经过多年探索实践，陕西北元化工集团股份有限公司（以下简称北元集团）形成了具有北元特色的混合所有制企业党建工作体系。一是将党建融入公司治理。在陕煤集团党委的指导下，在民营股东的支持下，2017年北元集团完成了党建入章程，明确了党组织的职责权限、机构设置、运行机制、基础保障等，落实了党组织在公司治理结构中的法定地位。二是坚持"双向进入、交叉任职"的领导体制。党委会、董事会、经理层成员交叉任职，形成了各司其职、各负其责、协调运转、有效制衡的治理机制。三是坚持党管干部原则。经理层成员由股东推荐或市场选聘，党委把关、上级党委考察推荐、董事会聘任，并严格落实任期制和契约化管理；中层管理人员竞聘上岗，严格执行党委选人用人程序。四是切实发挥党委"把方向、管大局、保落实"的领导作用。"把方向"方面，始终将加强党的政治建设摆在首位，落实"第一议题"制度和"三重一大"决策制度，严格执行党委前置研究程序，履行意识形态工作主体责任，确保党中央和上级党委各项决策部署在北元集团落地落实，为企业改革发展掌舵领航。"管大局"方面，确保企业安全环保、生产经营、项目建设、发展规划符合国家政策法规，符合地方政府发展要求，使企业运转高效、安全发展、队伍稳定。"保落实"方面，配齐配强各级班子，抓住"关键少数"，充分发挥各级党组织和党员作用，形成自上而下的强大执行力；选好用好人才，落实"三项机制"，营造追赶超越、活力迸发、人才辈出的良好氛围；加强党风廉政建设和反腐败工作，发挥各级纪检监察机构的作用，让廉洁成为北元人的"高压线"；扎实开展党纪学习教育，发挥监事会、纪委、审计联合监督职能，坚持全面监督、日常监督、专项监督相结合，确保董事会、党委会决策与上级决策部署高度统一、有效落实。

陕西北元化工集团股份有限公司

党委书记、董事长

目 录 CONTENTS

序 言

发展中的"北元模式"

陕西北元化工集团股份有限公司（以下简称北元集团）是由民营企业改制的国有相对控股混合所有制企业。陕西煤业化工集团有限责任公司（以下简称陕煤集团）与北元集团的合作是国有企业与民营企业转变经营理念、确立彼此属性定位、实现合作共赢的完美结合，是国企改革创新、勇担社会责任的精品力作，是发展社会主义市场经济、坚持"两个毫不动摇"的必然产物。经过10多年的实践探索，北元集团走出了一条混合所有制企业改革发展的新路子，形成了被广为称道的"北元模式"。

2003年，北元集团联合民营企业筹建10万吨/年聚氯乙烯生产装置。2007年，通过增资扩股吸纳民营股东，并与陕煤集团合作建设100万吨/年聚氯乙烯循环综合利用项目。2017年，完成股份制改制，形成大型国企相对控股、民营企业集体参股、核心骨干持股的结构，实现股权结构多元化。北元集团为当地发展混合所有制经济树立了标杆，作出了贡献，被陕西省委、省政府命名为"北元模式"。

那么，什么是"北元模式"呢？"北元模式"具有资源、规

❖ 生产厂区

模、循环产业链、区位、体制五大优势，既是治理模式，也是经营模式，更是党建模式，是一种具有示范效应的综合模式。"北元模式"是国有经济与民营经济合作的体制创新，是资源深度转化、低碳循环发展的产业创新，也是党建引领、文化促进、人才保障的管理创新。

北元集团是一家典型的混合所有制企业，以其多元化的股权结构和科学的现代企业治理体系被陕西省委省政府称为"北元模式"。"北元模式"坚持以服务陕煤发展大局为前提，以遵循合作共赢为

基础，以控制防范风险为底线，以可持续健康发展为目标，呈现以下主要特点：

一是股权科学、优势互补。公司的股权构成呈现多元化，由省属大型国企陕煤集团相对控股、民营企业集体参股、核心骨干共同持股，既避免了"一股独大"绝对控权，又避免了"股权分散"各自为政，符合股东、员工、企业、社会整体利益。骨干员工持股，使个人利益与企业深度"捆绑"，形成发展共同体，有利于队伍稳定。多元化股权结构既发挥了国有股份的资源、资金、人才、管理优势，又发挥了民营股份的执行、效率、灵活、技术优势，还调动了骨干员工的长期奋斗热情和创新动能。股东间相互尊重、相互信任，发展战略和经营管理理念趋同，优势互补、多元共赢，企业保持了长期竞争力。

二是依法依规、权责分明。企业以《公司法》和《公司章程》作为各项工作开展的基础，制定了《股东大会议事规则》《董事会议事规则》《监事会议事规则》《董事会授权经理层管理办法》《党委会议议事规则》《总经理办公会议事规则》，对各组织权责及运行进行了明确和规范。陕煤集团既控股又控权，公司接受陕煤的规范管理，又按照混合所有制体制创新管理，由陕煤集团和董事会共同考核。民营股东建立重大事项协商机制，以企业利益为前提，统一意见，提高决策效率。董事会引入独立董事，成立四大专门委员会，充分发挥职能。监事会每年定期或不定期委派审计机构对公司经营管理进行监督检查，监事会成员对公司开展日常监督检查。经理层成员由股东推荐、市场选聘或内部培养选拔，由陕煤党委考察推荐、公司董事会聘任，并严格执行任期制和契约化管理。企业各组织权责分明，依法依规行事，各司其职，协同运作。

三是目标一致、包容互信。以遵循合作共赢为基础，以可持续健康发展为目标，保障各方利益最大化，这是北元股东的共识。公司在形成企业战略中，注重各方意见的参与和利益考量，既考虑产值、规模、效益、责任，又考虑技术、成本、就业、环保等，符合民营股东、国有股份、地方政府各方利益。陕煤集团在股东会、董事会决策中充分尊重民营股东利益和意见。民营股东树立高度的政治意识和大局意识，在股东会、董事会、监事会层面发挥相应管理职能，在企业不委派管理人员，不参与日常管理。股东充分授权经理层，尊重经理层关于经营管理、选人用人的决策和意见。各方建

立了良好的包容互信基础，大家目标一致，认识统一，为北元发展献计献策、竭尽全力。

四是党建引领、组织保障。公司党组织隶属于陕煤集团党委，履行"把方向、管大局、保落实"职责。"把方向"方面，始终将加强党的政治建设摆在首位，落实"第一议题"制度和"三重一大"决策制度，严格执行党委前置研究程序，确保党中央和上级党委各项决策部署在北元落地落实，降低决策风险。"管大局"方面，以控制防范风险为底线，确保公司安全环保、生产经营、项目建设、发展规划符合国家政策法规，符合地方政府发展要求，符合陕煤发展大局，使企业运转高效、安全发展、队伍稳定。"保落实"方面，发挥各级党组织和党员作用，形成自上而下的强大执行力；选好用好人才，落实"三项机制"，营造追赶超越、活力迸发、人才辈出的良好氛围；发挥"监事会、纪委、审计"联合监督职能，确保董事会、党委会决策与上级决策部署高度统一、有效落实。

五是文化融合、价值趋同。公司坚持传承和创新相结合，推进多元文化融合，确立了合作共赢的"聚·和"文化，将北元的发展主动融入陕煤集团战略规划，注重顶层设计与文化融合，突出优势互补和包容共赢。将"过紧日子"思想与"低成本"战略相融合，将"想人所想、急人所急"的服务理念与"乙方"思维做"甲方"相融合，将"敢于负责、勇于创新"的企业精神与"奋斗者"精神相融合，这些文化理念和价值观的趋同融合，让各方股东及所有参与北元建设和发展的相关方都能在协作中共赢发展，也形成了企业独特的文化品牌，使陕煤集团"奋进者"文化在基层有了生动实践。

北元集团之所以能够取得企业改革发展的不凡成就，"北元模式"之所以能够得到上级党委、政府和社会各界的认可，原因是多方面的。最为重要的是，北元集团党委高度重视全面加强党的建设、坚定不移坚持和加强党的全面领导。10多年来，北元集团党委充分发挥"把方向、管大局、保落实"的领导作用，坚持把党的政治建设摆在首位，坚持立足混合所有制企业特点，紧紧围绕中心工作加强党的自身建设，形成具有北元特色的党建理念、党建体系、党建载体、党建品牌、党建举措，为公司改革发展和各项目标任务的完成提供了坚强的思想、政治和组织保障。

经过多年实践探索，北元集团积极构建"北元模式"下的党建格局，形成了"12335"特色党建工作体系。

一是"体制＋机制"，突出党建引领核心作用。基于混合所有制体制构成，2017年完成党建入章程工作，把党组织内嵌到公司治理结构中。通过"双向进入、交叉任职"的领导体制参与企业重大决策，董事会席位人数根据股权比例分配。坚持"党管干部、党管人才"原则，注重党组织选任与市场化选聘相结合，全面推行经理层成员任期制和契约化改革。建立管理序列、技术序列、技能序列的"686"岗位职级体系。

二是"体系＋制度"，构建党建规范运行机制。创建"551063"党支部创新管理体系、"1234"意识形态工作体系、"九个1"新闻宣传专业素质提升工程、党群系统"1+N"综合素质提升工程等。制定《"三重一大"决策制度实施办法》《党委会议事规则》《党建目标责任考核办法》等17项党建工作制度，编制《党支部一本通》《党支部标准化建设实践案例》等，规范提升基础管理工作水平。

三是"融合＋实效"，推动党建与业务双向提升。严格落实党建工作评优考核安全环保"一票否决制"，建立"党管安全"工作机制，推动党建与安全工作深度融合。助力生产"安、稳、环、长、满、优"运行，推动党建与生产经营相融合。完成组织机构扁平化、核心骨干持股、职业经理人选聘等改革，推动党建与改革发展相融合。聚焦重大技术攻关，成立党员攻关队，开展"揭榜挂帅"等活动，推动党建与科技创新相融合。

四是"固化＋创新"，实现党建工作提质增效。在做好规定动作的同时，结合实际开展创新性工作。2020年以来，完成10余项首创，包括编印《北元故事》《北元力量》等文化作品；创建"党管安全"标杆党组织、编印《思想政治工作研究成果》、设立"企业文化月"、每年编印《工运论文》作品、举办千人健步跑；首次选树"企业文化大使"、发布年度"十大新闻"、举办职工健身运动会、编印乡村振兴题材作品《情暖梨树河》；首次举办青年创新创效大赛、评选表彰"杰出青年"。

五是"考核＋提升"，确保党建目标落地见效。建立党建促提升考核机制，形成党支部标准化建设"5+2"立体考评标准，将考核结果体现在党组织及负责人绩效考核、评优评先、个人晋升等方面。干部考核形成以绩效考核为导向、以日常监督为重点、以年终考核为抓手的全过程考核，实现干部"能上能下""能进能出"。

为了全面系统总结北元集团的成功经验，向社会广泛宣介"北元模式"，应北元集团之邀，汇贤名家讲坛组织中央有关部委、中央党校（国家行政学院）和高等院校的专家学者组成课题组，对北元集团进行了认真细致的考察调研。在此基础上，经过专家学者认真梳理研究，形成了 1 个总报告和 7 个分报告。现将这些调研报告结集，由中央宣传部直属的学习出版社出版发行。相信这些调研报告对企业特别是混合所有制企业的改革发展有重要的参考价值。

课题组

2024 年 9 月

党建引领混合所有制企业发展的北元样本

　　混合所有制企业党建工作是党的建设的新课题，也是贯彻落实新时代党的建设总要求、坚持全面从严治党的新任务。党的十八大以来，陕西北元化工集团股份有限公司（以下简称北元集团）深入学习贯彻习近平新时代中国特色社会主义思想，毫不动摇坚持党的领导，持续加强党的建设，将党建工作贯穿混合所有制改革全过程和混改企业经营发展的各个领域，通过强党建、优治理、改机制、引资本、促转型，不断做实党建引领、做大产业规模、做优产业布局、做强产业竞争力，推动党的政治优势、组织优势源源不断地转化为创新优势和发展优势，打造党建引领混改上市企业高质量发展的特色样本。

　　北元集团位于陕西省神木市锦界工业园区，成立于 2003 年 5 月，是由国有股东陕西煤业化工集团有限公司（以下简称陕煤集团）、民营法人股东、自然人股东和员工持股平台共同组建的大型化工企业，2020 年 10 月 20 日，在上海证券交易所 A 股主板挂牌上市，股票代码 601568，目前注册资本 39.72 亿元。公司主要从事聚氯乙烯、烧碱等产品的研发、生产及销售，凭借资源、规模、循环产业链、区位、体制五大优势，大力发展循环经济，拥有化工、电力、水泥、电石、新能源五大板块，横跨氯碱、火电、冶金、建材、井矿盐、新能源六大行业。公司属于陕西省典型的混合所有制企业，开创了大型国企与地方民企联合体、区域混合所有制经济发展新模式，北元实施混改后，2012 年 100 万吨 / 年聚氯乙烯项目落地，2015 年首次实现扭亏为盈，2018 年利润突破 20 亿元，北元集团驶入高质量转型发展的快车道。

一家国有相对控股、民营法人股东、自然人股东和员工持股平台共同组建的企业，如何通过高质量党建推动企业高质量发展，这是党建工作的难题，也是企业发展的难题，北元人试图解开这道难题。将党建工作作为引领企业快速发展的重要引擎，积极树立党建战略意识，探索混合所有制企业党建新模式，使以资本为纽带、体制机制创新为基础的"北元模式"下的党建工作从理论到实践得以聚焦、拓展和深化，助推混合所有制企业党建改革不断走向深入，使党建工作与安全生产和经营管理工作深入融合、无缝对接，发挥党建工作在"统一思想、凝聚人心、氛围营造、先锋引领"等方面的职能价值，构建企业新的竞争优势，对混合所有制企业党建工作的推进和强化有积极的借鉴意义。

一、针对混改企业特点，创新党建工作"北元模式"

近年来，北元集团党委坚持以习近平新时代中国特色社会主义思想为指导，深入学习贯彻党的二十大精神，全面落实党中央、省委和陕煤集团党委各项决策部署及工作要求，把党的政治建设摆在首位，坚持党的领导，加强党的建设，发挥党委"把方向、管大局、保落实"的领导作用，牢固树立"党建做实了就是生产力、做

强了就是竞争力、做细了就是凝聚力"的理念，坚持服务生产经营不偏离，积极探索混合所有制企业党建工作新方法、新路径。

如何有效发挥混合所有制企业党组织政治核心作用和党员先锋模范作用，实现党建工作和企业发展的优势转化，是摆在北元集团面前的重要课题。中共中央办公厅印发的《关于在深化国有企业改革中坚持党的领导加强党的建设的若干意见》指出，必须"把建立党的组织、开展党的工作，作为国有企业推进混合所有制改革的必要前提"。这充分说明，无论企业资产怎样重组，产权关系怎样变化，党的组织建设都要及时跟进。在混合所有制企业中发挥党组织作用，要把党的政治优势转化为企业发展优势，把党组织和党员的活力转化为企业的持续发展动力，为企业经营发展发挥好保驾护航的作用。特别是在发动职工围绕企业中心工作推动科学发展上，混合所有制企业更要积极谋划、大胆创新，从企业整体利益和长远发展出发，协调好各方面关系，努力使股东利益、社会利益和职工利益有机统一，这就需要发挥党组织的引领作用，全面加强党的领导和建设，为企业改革发展提供坚强的政治保障和组织保障。

北元集团党委于 2009 年 5 月成立，下设 1 个直属党工委、4 个基层党委，共 59 个党支部。在发展混合所有制经济之初，北元集团党委按照"融入中心抓党建，抓好党建促发展"的工作理念，认为要使企业真正做大做强，必须充分挖掘和发挥党建工作职能优势，团结各方力量，维护各方权益，构建高质量发展形态，为企业发展增添新的活力。根据混合所有制企业特点，公司明确了党组织的设置方式、职责定位和管理模式，建立健全混合所有制企业党组织，积极推进混合所有制企业党建工作融合，使党组织在职工群众中发挥政治核心作用，在企业发展中发挥政治引领作用，逐步走出了一条独具北元特色的党建引领企业科学发展之路。

（一）通过完善制度法规发挥党组织核心领导力

北元集团与大型国企陕煤集团合作之初，就思考如何取长补短、优势互补，如何合作共赢、相融相生。公司坚持依法推进现代企业制度的建立和完善，把改革和发展紧密结合起来，把企业文化建设、依法治企结合起来，有效地解决了改革中出现的问题和矛盾，推动了企业改革的逐步深入。面对新形势新任务，立足实际，严格执行党委会前置研究程序，修订《"三重一大"决策制度实施办法》《党委会议事规则》等制度，完成党建入章程工作，进一步强化混合所有制企业党组织的领导作用，把党组织内嵌到公司治理结构之中，明确和落实党组织在法人治理结构中的法定地位，做到组织落实、职责明确、监督严格，实现党的领导和公司治理有机统一。公司在完善现代企业法人治理结构和适应混合所有制性质的组织机构的同时，充分发挥职代会和工会的民主管理与监督作用，使得各项改革得以平稳推进，改革中出现的新问题也在法律范畴内得到调整和解决。"北元模式"引领下的党建工作实现了民营企业与国有企业联姻共赢、优势互补，成为行业和区域发展混合所有制经济的先导力量。

（二）通过标准化、规范化、体系化发挥党建工作引领力

北元集团党委认为，混合所有制企业党建工作要不断总结经验，固化长效机制，使全体党员和所辖支部、党小组了解党委战略意图、清楚工作要求和标准，明确具体工作方法；还应当跟随企业改革的步伐，跳出自我循环的圈子，将党建工作融入企业效益和价值创造中。

1. 内容标准化。"问渠那得清如许，为有源头活水来"，公司党委清醒地认识到要想走远、走好，就必须强根固本，形成标准的党建工作形式和内容。从"三会一课"着手，为各基层党支部"量身定做"指导手册、记录本等，给广大党支部书记和党务工作者悉心打造"精品课件"和培训内容，教会他们"三会一课"怎么开，会议内容有什么，党建工作怎么干，要起到什么样的效果，使"三会一课"制度成为党建工作的坚实基础。以"创先争优"为抓手，坚持每两年进行一次"四强四优"（"四强"指政治引领力强、推动发展力强、改革创新力强、凝聚保障力强；"四优"指"四优"共产党员，即政治素质优、岗位技能优、工作业绩优、群众评价优）评选，以"四强"党组织和"四优"共产党员为标杆，带动全体员工追赶超越，形成了长效的创争工作机制。

2. 制度规范化。推进党支部标准化规范化建设，一是完善党委

会议事规则、"三重一大"、中心组学习等制度，建立健全民主评议党员制度。二是大力推进学习教育常态化制度化，全面提升党员综合素质，通过组织党员参与企业改革发展、生产经营等工作的研讨，进一步统一思想认识，抓好企业党建工作，准确把握党建工作与企业发展的有效融合，围绕提高生产经营水平开展党的活动，促进公司党建工作有序有效开展。三是全力构建党建质量管理体系，不断强化组织建设和干部队伍建设，逐步完善"四三四"廉洁风险防控体系（界定"四类风险"，即思想道德风险、外部环境风险、制度机制风险和岗位职责风险；构建"三道防线"，即事前预警防线、过程控制防线和严肃处置防线；按照PDCA循环的计划、执行、考核和修正4个环节，对风险防控工作实施质量管理）。四是推进"3356"岗位廉洁风险防控体系［3个维度：重点人员、重要岗位、重大事项。3个风险预警等级:A(重大风险)、B(较高风险)、

❖党员先锋队检修原料斗提

C（一般风险）。5种方法：自己找、上级点、群众帮、互相查、组织审。6类风险：思想道德风险、岗位职责风险、业务流程风险、管理环节风险、制度机制风险、外部环境风险］建设，对公司899个岗位进行精准辨识，做到廉洁风险源头治理、源头规避；建立巡视巡察系列问题整改长效工作机制，使整改落实成为转变职能、改进作风的重要措施。

2023年，集团党委以建设"一流企业党建"为主线，以"党建品牌"和"创新管理"为抓手，狠抓党的建设工作，深化党支部"结对子"工作与"党管安全"先锋党支部，推动党支部建设全面过硬。按照党中央和省委统一部署，扎实开展学习贯彻习近平新时代中国特色社会主义思想主题教育，紧紧围绕"学思想、强党性、重实践、建新功"总要求，切实把习近平新时代中国特色社会主义思想转化为坚定信念、推动发展的强大力量，推动主题教育取得良好成效。

3. 流程体系化。北元集团党委按照上级党组织安排，深入开展党支部标准化规范化建设，制定了《党支部标准化工作手册》，明确了党支部工作相关要求和建设目标，说明了党支部工作流程、标准，解决了党建工作在支部层面落地怎么做的问题。编制了《"三会一课"记录本》《党支部一本通》《党支部标准化建设实践案例》，分别从内容到形式、从记录表单到开会要求，对党建管理体系进一步延伸和拓展。树立了大党建、互融互促、闭环管理"三种意识"，提升党建发展质量。大党建意识，是指围绕实现生产经营指标、提高产品质量、提高企业经营效益这个中心，把服务创新作为检验党组织工作成效的重点，强化大党建的意识，整合党建资源，发挥党建集约化效应和组织优势；互融互促意识，是指党建工作与企业生产经营工作互为一体、紧密联系，将党建工作作为企业文化落地最直接最有效的载体，确保党建工作与中心工作互促互融；闭环管理意识，是指对党建工作做到有策划、有实施、有检查、有改进的闭环管理，形成党建工作长效机制。运用横向拓展、纵向延伸、上下联动"三种方式"，进一步完善和创新了党建工作的体制机制。横向拓展、纵向延伸、上下联动"三种方式"是北元集团党建发展形式的一种探索，横向拓展是运用各类资源，为党建活动搭建平台，把党建工作融入公司安全环保管理、生产经营、质量效益、设备管理等工作中，确保党建工作有载体、能落地；纵向延伸表现在积极发挥党支部战斗堡垒作用和党员先锋模范作用；上下联动表现在党员干部带动基层党员、党员带动群众、党员帮扶群众、群众监督评价党员，精准发力，共同提升工作水平。

（三）通过工具、方法、载体创新党建，增强企业凝聚力

作为混合所有制企业，如何开创党建工作的新格局，如何将党建工作落到实处，北元集团党委要求，要统一思想、渗透企业文化，结合实际，大胆创新，丰富党组织活动载体，吸引不同层面的职工参与并支持党建工作，为党建工作注入新的生命与活力。

1. 工具创新。公司党委创新党建工具，有效利用"两网一刊两平台"（北元官网、内网，《聚和》内刊，微信公众号平台、"北元之家"企业微信平台），全面深入开展党员责任区建设，按照全员上岗、岗区一体、相对独立、讲究实效的原则，要求党员做好刻苦学习、勤奋工作、艰苦奋斗、遵章守纪、联系群众、开拓创新的表率，最终实现责任区内学风浓厚队伍稳、本职工作质量高、完成任务无拖欠、遵纪守法无违规、安全生产无事故。结合党员责任区，广泛成立"党员先锋队"，建立"党员示范岗"，开展"党员亮身份　实干当先锋""党员身边无'三违'""党员帮带

群众""基层党建提升月"等活动，形成了党建工作服务生产经营的良好局面。

2. 方法创新。公司各级党组织除保质保量完成党建规定动作外，根据自身发展需要广泛制定自选动作。开展"发展中的'北元模式'大讨论"，组织纪律督查常态化，管理人员"立足本职　建言献策""转变工作作风，强化服务意识"等活动，从思想意识到行为规范，从制度约束到自身要求，从根本上转变了干部作风，提升了管理效能，激发了党建工作的创新热情。各基层支部党建活动更是亮点纷呈，例如，"我为管理献一策"金点子征集活动、"双月比安全、每月一主题"活动、"树立一个标杆，打造一个战斗堡垒"活动、"党员标杆设备管理示范岗"活动等，使党建工作有载体、有特色，形式多样、内容丰富，为公司实现"增盈创效"工作目标提供了坚实的政治保障。持续深入开展基层"党建提升月"、党员责任区、"党员示范岗"等特色党建活动，使党建工作有载体、有特色，形式多样、内容丰富，为公司高质量发展提供坚实的组织保障和政治保障。

3. 载体创新。构建管理序列、技术序列和技能序列"三位一体"的管控体系，将党组织的堡垒作用延伸至工段，延伸至班组，实现党建价值最大化。管理序列围绕安全生产经营中心工作，抓好员工的思想及企业干事创业的氛围营造，完善工作流程，细化工作职责，推动各项工作任务圆满完成；技术序列围绕"安、稳、环、长、满、优"（安全、稳定、环保、长周期、满负荷、优质高效运行）搞好生产组织工作，完善工作流程，细化工作职责，做好专业技术研发设计、指导监督和管理应用，推动管理升级；技能序列围绕"系统性专业化"，不断提升专业化规范化操作水平，推动生产提质增效。通过找准管理序列、技术序列、技能序列这"三大序列"建设的结合点，把各项要求重新梳理、有机融合，渗透到企业的安全、生产、经营核心任务中去，将"三大序列"工作同部署、同实施、同考核，构建"优势互补、联动共赢、相得益彰"的工作格局，既发挥党建的思想攻关作用、行政的组织协调作用，又动员了企业的技术创新力量，从而产生"1+1+1>3"效应，推动党建与混合所有制企业各项工作同频共振，创新突破。另外，形成党建工作百花齐放、特色发展的格局。所属单位化工分公司党委结合实际，大力开展"党建+"活动，利用"党建+安全环保+生产经营+项目建设+企业管理+队伍建设"等活动，使党建工作与具体业务互融互促、互相支撑，更好地发挥党建工作优势，如工作氛围营造、思想战线统一、干部作风监督、组织纪律督查、宣传舆论引导、党员率先垂范、团队组织活力等；水泥有限公司党委紧紧围绕"稳产、创效"目标，开展党建"5+1"（党建指标体系建设、责任体系建设、跟踪体系建设、评价体系建设、考核体系建设＋工作清单）系统化工作；锦源化工有限公司党委开展以"问题化解'零延误'、服务员工'零公里'、干部执行失责'零容忍'、党员教育学习'零距离'"为主要内容的"党建4.0"工作，加强干部队伍建设，注重党员日常教育管理，开展党员"传帮带"工作，将党建工作与安全生产经营工作有机融合，使党建职能真正落实在一线、保障在一线、服务在一线。

大力推进新班组建设，不断推动产业工人改革，搭建职工"三小一练"（讲"小故事"、创"小成果"、编"小案例"，练"绝技、绝招、绝活"）、劳模工匠创新工作室等人才培养平台，组织员工参加各类国家级、省级技能竞赛，与榆林市总工会联合举办职工岗位技能比武大赛，鼓励广大职工比学赶超，营造良好的学习氛围。

北元集团先后获得全国石油和化工行业党建思想政治工作先进

单位、中国企业文化建设先进单位、全国安全文化建设示范企业、全国工人先锋号、全国国有企业党建课题研究成果一等奖、陕西省国资委先进基层党组织、陕西省国资委文明单位标兵等荣誉。

二、完善法人治理结构，打造企业混改"北元模式"

作为国有控股上市公司，北元集团旗帜鲜明讲政治，深入贯彻"两个一以贯之"，坚持把加强党的领导、党的建设融入公司治理，持续完善中国特色现代企业制度，构建了"党委核心领导、董事会战略决策、监事会独立监督、管理层执行落实"的公司治理机制，厘清了各治理主体间的权责边界。

（一）权责明晰，协调运转

建立以党委会前置研究讨论为根本要求的"三重一大"议事决策机制，确保党委对企业战略规划、改革发展、重大投资等决策全程参与、把关，保证企业经营发展方向不偏。国有股东按照法人治理体系运作原则，支持公司市场化、法治化发展，在管理层面协助推动企业合规运行。民营股东虽不参与企业日常经营管理，但通过定期组织召开会议，建立了国有和民营股东之间良好的沟通机制。董事会作为决策机构，全面发挥"定战略、作决策、防风险"的作用，全面依法落实董事会职权，重点履行制定生产经营及项目建设等重大工作方案、下达经理层年度考核指标、落实经理层薪酬管理等职能，引导组织朝既定方向完成目标。监事会不定期委派专业审计机构对公司进行审计，并指定监事会成员对财务、销售、采购以及生产经营等情况监督检查后形成报告反馈给管理层，管理层及时予以整改。企业经理层充分发挥"谋经营、抓落实、强管理"的作用，负责日常生产经营事务，保持市场化运作。通过各治理主体的功能定位，公司形成了职责清晰、权责对等、制衡有效的法人治理模式，实现了所有权、监督权与经营权的有效分离和制约，推动了混合所有制体制的持续健康发展。

（二）规制健全，科学决策

以国企改革"双百行动"和国企改革三年行动为契机，持续健全以章程为核心的法人治理制度体系，通过开展全面风险管理及内部控制，建立了《董事会决议跟踪落实考核评价办法》《董事会授权经理层管理办法》《规范与关联方资金往来制度》等内控制度，持续约束和制衡股东的不规范行为，切实维护全体股东的合法权益，将制度优势转化为治理效能。结合授权放权与加强权力运行监督，全面落实中长期发展决策权、经理层成员选聘权、经理层成员业绩考核权、经理层成员薪酬管理权、职工工资分配管理权和重大财务事项管理权等6项职权，持续贯彻落实到公司治理、生产经营各个环节，不断提升董事会运行效率，提高董事会决策能力。加强董事会建设，科学设置战略、审计、提名、薪酬与考核4个专门委员会，落实"外部董事占多数"的要求，强化外部董事履职支撑和服务保障工作，健全董事会决议跟踪落实考核评价机制，促进董事会科学决策。

（三）监督有力，规范运行

北元集团不断健全内部监督管理体系，增强监督协同能力，建立定期沟通常态化机制，提升监督效能，保障公司稳健经营。监事会全面关注公司决策机制和决策行为，定期检查财务状况，并对项目投资、关联交易等重大经营活动的程序合规性进行监督检查。董事会下设的审计委员会，负责公司内外部审计的沟通、监督和核查，增强企业内部审计规范运营能力，提升内部审计质量，强化风险管控意识。设立审计、纪检监察等监督机构，外聘法律顾问等专职人员，加强对公司重大决策、重大经营活动、重大合同的财务和法律监督把关，推进工会、职代会、职工监事民主监督职能融入法人治理结构，提升监督实效，让权力在制度下规范、在阳光下运行。

（四）机制创新，做大做强

加强党建引领，完善企业治理结构，通过体制机制的创新，推动企业做大做强、快速发展。一是增资扩股，快速做大产业规模。在深入论证、多方洽谈的基础上，陕煤集团以增资扩股的方式成为北元第一大股东。双方合作后，优势互补，相互借鉴，打破了国有企业与民营企业清晰的界限，既发挥了国有企业资源充足、管理规范、资本雄厚的优势，又发挥了民营企业市场反应迅捷、决策灵活、技术有积累的优势。通过上市解决了财务、内控、环保等诸多历史遗留问题，完成经营机制的深度转换，企业的发展空间和后劲更大更足。二是科学设置股权比例，保障企业科学高效决策。北元集团在与陕煤集团合作之初就特别注重在股权结构上的探讨，从有利于北元集团发展来达成共识，在股权的设置上，经过多次磋商，将陕煤集团持股比例设定为 40.48%，多方民营股东分散持股比例为59.52%，其间经过多次股权变更，但国有股权比例与民营股权比例基本保持不变，避免了股权过于集中的"一股独大"和"三个和尚没水吃"的股权分散，实现了国有和民营的相互制衡。科学的股权比例为有效融合各方股东意见、形成健全的法人治理结构、实现企业市场化运作奠定坚实的基础。三是建立市场化经营机制，激发企业经营活力。北元集团按照"市场化选聘、契约化管理、差异化薪酬、市场化退出"原则，全面优化职业经理人选聘流程，先后在下属水泥公司、锦源化工推行职业经理人改革，全面推行经理层成员任期制和契约化管理，严格任期管理和目标考核，实现了权力—决策—执行治理链条的闭环管理，既激发了基层管理人员的干事创业激情，又灵活有效传导了经营压力，实现了市场化经营。实施职业经理人改革后，企业内部管理更加规范，激励机制更加健全，打破了"铁交椅""铁饭碗""大锅饭"分配格局，各级人员的积极性、主动性和创造性不断增强。四是实施员工持股改革，打造利益共同体。北元集团率先探索试行混合所有制企业员工持股改革。2017年12月，陕西省国资委同意采取定向增发的方式，对在关键岗位工作并对经营业绩和持续发展有直接或较大影响的41名骨干人员实施持股试点。员工持股实施后，骨干员工与企业共享改革发展成果，共担市场风险，真正成为利益共同体，持股人员干事创业的积极性、主动性和创造性大幅提高，增强了团队凝聚力、激发了生产经营活力。

三、推动党建工作与公司治理深度融合

北元集团充分发挥党委"把方向、管大局、保落实"的政治核心作用，努力实现党委把关定向与董事会科学决策有机统一，党组织与各方监督力量有机统一，党的组织力与经理层的执行力有机统一，党管干部原则与市场化选人用人机制有机统一，为企业健康高质量发展提供体制机制保障和动力支撑。

（一）推动党建"进治理"，厚植高质量发展根基

持续强化党的建设是国有控股上市公司的政治任务，也是实现

高质量发展的必然要求。北元集团把坚持和加强党的领导作为完善公司治理的核心内容，作为提升企业核心竞争力的关键举措。一是扎实完成"党建入章"，将党组织作为独立章节写入公司章程，明确党组织在企业法人治理结构中的法定地位，以及在决策、执行、监督各环节的权责，确保党组织发挥组织化、制度化、具体化作用；二是落实"双向进入、交叉任职"的领导体制，公司党委书记、董事长"一肩挑"，部分党委班子成员通过法定程序进入董事会和经理层，实现了党组织作用发挥与经营决策执行有机融合；三是坚持"党管干部"原则，全面推行经理层成员任期制和契约化管理，严格任期管理和目标考核，实施"一人一表"差异化考核，实行"基本年薪＋绩效年薪＋超额利润共享＋任期激励"的绩效考核模式，签订"两书一协议"，健全退出机制。坚持正确的选人用人导向和规范的选人用人流程，营造良好选人用人环境。建立管理序列、技术序列、技能序列"三位一体"干部人才管理机制，构建"686"岗位职级评价体系（管理序列 6 个职级、技术序列 8 个职级、技能序列 6 个职级），实施岗位动态管理，进一步优化干部队伍结构。强化年度考核评价，采用 360° 考评方式，形成以绩效考核为导向，以日常监督为重点，以年终考核为抓手的考核机制，根据考核结果实现干部的"上下""进出"，激励全体干部职工主动担当、敢于创新，全力推动企业高质量发展。

（二）推动党建"进决策"，把稳高质量发展方向

国有控股上市企业股权多元化、治理主体多，在涉及企业发展方向的重大决策上缺乏科学性和正确性。为了保障企业重大决策更加科学稳健、企业经营发展方向不偏，北元集团把党委会研究讨论作为董事会、经理层决策的前置程序。通过完善《党委会议事规

则》、制定"三重一大"决策制度及党委会前置事项研究清单等举措，将涉及企业战略规划、改革发展、人事任免、重大投资等重大事项，全部纳入党委研究和决策范围，确保党委对企业重大事项决策全程参与、全程把关。同时，健全党委领导下的职工民主管理机制，提升监督实效。

（三）推动党建"进中心"，激发高质量发展动能

北元集团坚持党的建设服务企业生产经营不偏离，推动党的建设与改革发展、生产经营深度融合，全面加强党的建设向基层延伸。以党建引领安全生产，建立"党管安全"工作机制，创建"党管安全"标杆党组织，扎实开展党员带头讲安全、党员身边无"三违"等系列活动，实现了安全形势持续向好、经营业绩连年攀升的良好局面；以党建引领改革发展，深化市场化改革，完成内部组织机构扁平化、核心骨干持股、超额利润分享、职业经理人选聘等改革任务，改出了效率、效益和效果；以党建引领科技创新，组建科技研发团队，完善科技创新体系，成立党员攻关队，瞄准科技前沿，聚焦重大技术攻关，开展"揭榜挂帅"等活动，加快推进"产学研用"深度融合，开展无汞触媒工业化实验、电石渣资源利用等研究项目，企业创新活力竞相迸发。

四、党建引领混合所有制企业发展见成效

经过近年来的实践，北元集团在创建党建品牌过程中，各级党组织紧紧围绕中心任务和工作大局，不断解放思想、转变观念，彻底改变抓党建"一刀切"和"就党建抓党建"的做法，实现了基层党组织的思想观念、工作方法、活动方式由传统的行政命令型向指

导服务型转变，由封闭型向开放型转变，由强调共性向既注重共性又尊重个性转变，使基层党建工作更加围绕工作大局、贴近中心，更加注重务求实效、贴近实际，更加符合基层要求、贴近群众。真正把党建工作由虚变实，由无形变有形，由"软指标"变成"硬约束"。在党建工作的引领下，公司步入了健康可持续发展的快车道，企业改革发展成果同时检验了党组织的工作和战斗力。

（一）突出以党建促发展，企业综合实力全面提升

北元集团坚持党对混合所有制企业的领导，推动党的建设与混合所有制企业各项工作同频共振，企业安全环保、生产经营、项目建设、团队管理等各项工作稳步向好，从民营企业到国有控股的上市公司，从单一的工业品生产企业到绿色低碳循环的大型盐化工企业，员工人数、产值、资产总额、企业影响力发生质的飞跃，走出了一条党建、"北元模式"引领下的独具特色的文化强企、科学发展之路。公司连续多年入围中国石油和化工企业 500 强，先后获得全国五一劳动奖状、国务院国企改革"双百行动"优秀企业、全国安全文化建设示范企业、全国和谐劳动关系创建示范企业、工信部"绿色工厂"、陕西省先进集体等荣誉。"北元"商标被评为"陕西省著名商标"，"北元"牌聚氯乙烯和高纯氢氧化钠被评为"陕西省名牌产品"。

（二）突出以党建管安全生产，安全环保管理有新高度

北元集团党委坚持党建引领安全生产，以习近平新时代中国特色社会主义思想为指导，坚守"发展决不能以牺牲安全为代价"的意识，严守安全环保红线和底线，通过促进机制、体系、制度等方面的融合，建立党建引领安全生产工作机制，持续推进创建"党管

安全"先锋党支部和党员安全先锋岗，使党组织成为凝聚党员群众的"主心骨"，让党员干部成为促进安全发展的"领头羊"，让广大员工成为安全生产的"生力军"，党建职能落实在安全生产一线，促进企业健康稳定发展。北元集团党委严格落实党组织保障安全生产"一岗双责"，以"人本＋物本＋科学管理＝本质安全"为顶层设计理念，以"员工的生命安全与健康高于一切"核心价值观作为安全生产工作的出发点和落脚点，以安全文化建设为引领，以安全生产标准化为主线，以过程安全管理为重点，从源头上控制风险、消除隐患，构建具有北元特色的安全生产管控体系，努力实现"零伤害、零事故、零污染"安全目标，让安全成为企业最大的效益，让安全成为员工最大的福祉。积极践行绿色发展理念，严守安全底线、环保红线，加大安全环保投入，落实企业环保主体责任，在生产、生活等各个方面倡导文明低碳的生活方式，公司先后获得国家和陕西省安全文化建设示范企业，国家循环经济标准化试点企业、全国煤炭行业首家"5A级健康企业"等荣誉称号。

（三）突出思想政治建设，提升企业文化软实力

坚持把思想建设作为党的基础性建设，以上率下、多措并举，加强对党员干部职工的理想信念教育，牢牢掌握宣传舆论工作的领导权和主动权。通过开展学习贯彻习近平新时代中国特色社会主义思想主题教育，干部队伍思想为之一新、精神为之一振、作风为之一变，心齐气顺、风正劲足的生动局面正在形成。大力推进党建"带工建""带团建"，群团工作有声有色。利用"两网一刊两平台"，扎实开展形势任务教育和思想政治工作，为企业发展创造了良好的舆论环境。持续推进北元"聚·和"文化落地，以美好愿景鼓舞人、以先进理念引导人、以行为准则规范人、以优美环境熏陶

人、以先进典型示范人，企业文化得到了全体员工的广泛认同，凝聚力和向心力得到了增强。围绕"聚·和"文化主题，不断延伸文化资源，推动安全文化、廉政文化、质量文化等子文化落地深植，定期编印《北元故事》《北元力量》《思想政治工作研究成果》《北元志》和《聚和》内刊等文化作品，打造北元文化品牌，不断提升企业凝聚力和文化软实力。

（四）突出以人为本理念，营造和谐稳定发展环境

公司坚持以人为本，提升员工福祉，以员工福利改善、医疗养老保障、困难救助、教育培训、文体娱乐、环境美化、安全保障、权益维护、收入增长，以及员工吃住行等最关心、最直接、最现实的利益为抓手，打造覆盖全员、共建共享、上下联动、持续完善、幸福和谐的民生保障体系，员工幸福指数不断提升。重视人才的培养和使用，破除唯年龄、唯资历倾向，敢于给他们压担子，为他们建功立业和人生出彩搭好舞台，培养和造就了一支引领企业高质量发展的队伍。围绕"一切为了发展，一切为了员工"宗旨，公司党委始终把实现好、维护好职工权益放在首位，发挥好团结企业员工、推动企业发展等方面的作用。畅通员工诉求渠道，常态化开展"我为群众办实事"主题实践活动。广泛举办丰富多彩的文化活动，每年开展职工健身运动会、千人健步跑、青年联谊会、职工夏令营等50余项员工喜闻乐见、参与度高的文体娱乐活动。实施"智慧工会"项目建设，建成了"职工之家"、心理咨询室、母婴关爱室等场所，不断提升员工幸福感、安全感和获得感。实施员工帮扶计划，对企业特殊职工、困难职工等实施积极的人文关怀。主动履行社会责任，积极投身于脱贫攻坚、乡村振兴等工作中，彰显企业担当。

实践证明，北元集团党委坚持厚植党建优势，培育党建支撑，形成了具有北元特色的党建体系、党建载体、党建品牌，使党建职能渗透到企业管理的方方面面，切实将党建优势转化为企业的发展优势，有力推动了企业转型升级和高质量发展。

面向未来，北元集团将继续坚持以党的二十大精神为指引，"创新实践，务实求真"，在混合所有制企业党建强企之路上不断探索前行。持之以恒坚持党的领导、加强党的建设，增强"四个意识"、坚定"四个自信"、做到"两个维护"，牢记"国之大者"，充分发挥党委领导作用、党支部战斗堡垒作用和党员先锋模范作用，充分调动广大干部职工的积极性、主动性和创造性，以高质量党建引领和保障企业高质量发展，抢抓发展战略机遇，精心耕耘好混改上市国企改革"试验田"，以党建新优势激发混改新活力，推动企业实现质量变革、效率变革、动力变革，实现国有资产保值增值，为以中国式现代化全面推进中华民族伟大复兴作出新的更大贡献。

党的建设实践创新和品牌建设

　　陕西北元化工集团股份有限公司（以下简称北元集团）是由民营企业改制的国有相对控股混合所有制企业。改制之前，2003年10月，中共陕西神府经济开发区北元化工有限公司党支部成立。2008年5月，中共陕西北元化工有限公司总支部成立。2009年5月，经中共陕西煤业化工集团有限责任公司（以下简称陕煤集团）党委批准，中共陕西北元化工集团公司党委成立。现下设1个直属党工委、4个基层党委，共有59个党支部、843名党员。近年来，北元集团党委坚持以习近平新时代中国特色社会主义思想为指导，深入学习贯彻党的十九大、二十大精神，全面落实党中央、陕西省委和陕煤集团党委各项决策部署和工作要求，坚持党的全面领导，发挥"把方向、管大局、保落实"的领导作用，把党的政治建设摆在首位，全面加强党的建设，牢固树立"党建做实了就是生产力、做强了就是竞争力、做细了就是凝聚力"的理念，以国有企业党建工作为参照，积极探索混合所有制企业党建工作新理念新方法新路径新举措，坚持党建引领企业经营管理、改革发展、安全生产等各方面工作，汇聚起企业高质量发展的强劲动力和强大合力。

一、党的建设工作开展情况和主要做法

北元集团党委坚持立足企业自身特点全面加强党的建设，厚植党建优势，培育党建支撑，使党建渗透到企业各方面工作，形成具有北元特色的党建理念、党建体系、党建载体、党建品牌、党建举措，切实将党建优势转化为企业发展优势，有力引领了企业转型升级和高质量发展。北元集团的工作得到党中央有关部门、陕西省和陕煤集团的肯定和表彰，曾荣获全国五一劳动奖状、中国企业文化建设先进单位、全国石油和化工行业党建思想政治工作先进单位、全国工人先锋号、全国国有企业党建课题研究成果一等奖、全国和谐劳动关系创建示范企业，以及陕西省先进集体、陕西省国资委先进基层党组织、陕西省国资委文明单位标兵、陕煤集团先进基层党组织等荣誉称号。

（一）坚持以政治建设为统领，充分发挥党组织领导核心作用

北元集团党委坚持把政治建设作为党的根本性建设，坚持"把方向、管大局、保落实"，确保党委主体责任和"一岗双责"落到实处。一是全面加强政治建设。深入开展学习贯彻习近平新时代中国特色社会主义思想主题教育，深刻领悟"两个确立"的决定性意义，不断增强"四个意识"、坚定"四个自信"、做到"两个维护"，坚决在思想上政治上行动上同以习近平同志为核心的党中央保持高度一致。二是全面强化政治功能。推动落实党建入章程，完成北元集团及二级法人单位章程修订，将党建写入公司章程，进一步明确和落实党组织在企业法人治理结构中的法定地位，实现党的领导和公司治理有机统一。三是全面落实政治领导责任。明确党委会"第

一议题"制度，重大决策始终坚持民主集中制和党委会研究讨论前置程序，修订完善《"三重一大"决策制度实施办法》《党委会议事规则》等制度，全面加强企业各级党组织的政治建设、思想建设、组织建设、作风建设和纪律建设。

（二）坚持以思想建设为基础，提升高质量发展凝聚力战斗力

北元集团党委坚持把思想建设作为党的基础性建设，以上率下、多措并举，加强对党员干部员工的思想政治教育，牢牢掌握宣传舆论工作的领导权和主动权。一是坚持把用党的创新理论武装党员、教育员工作为首要政治任务。通过理论中心组学习、"三会一课"、主题党日、集中培训、专题辅导、交流研讨、自学等线上线下多种形式，推动党的创新理论进企业、进车间、进班组、进岗位、进头脑，引导党员干部员工在学懂弄通做实习近平新时代中国特色社会主义思想上下功夫。二是强化思想政治工作和新闻宣传工作。扎实开展形势任务教育和思想政治工作，构建"两网一刊两平台"宣传舆论工作体系，增强防范和化解舆论危机能力，树立好北元形象、讲好北元故事、传播好北元声音，为企业发展创造良好舆论环境。三是加强企业文化建设。将每年5月确定为"企业文化月"，编印《北元故事》《北元力量》《思想政治工作研究成果》《北元志》和《聚和》内刊等文化作品，开展"企业文化大使"宣讲工作，举办先进人物事迹报告会，打造北元文化品牌，探索形成以责任为主线的"聚·和"文化体系，增强企业文化软实力。四是持续抓好先进典型和企业精神培育。结合企业发展历程，发现培育先进人物和集体，总结提炼奉献精神、工匠精神等北元特有的企业精神，进一步丰富拓展企业文化的内涵和外延。五是延伸和用好文化资源。推动安全文化、廉洁文化、质

量文化等子文化落地深植，定期推出融入企业文化元素的小视频、小故事，推动广大员工把企业文化理念融入本职工作，增强企业内部凝聚力和外部竞争力。

（三）坚持发挥党建引领优势，积极融入企业中心工作

北元集团党委根据混合所有制企业生产经营特点，结合化工企业安全生产要求高、环境保护任务重的实际，以"党建品牌"和"创新管理"为抓手，狠抓经营管理、安全生产、环境保护等工作，积极推进党建工作与中心工作深度融合。一是加强党建引领中心工作制度化建设。制定《党建目标责任考核办法》，细化评价标准，实现党建工作可量化、可衡量、易考核，推动基层党建工作从"软指标"向"硬约束"转变。二是强化党建引领中心工作的保障机制建设。建立党建引领中心工作的考核机制，实施具有混合所有制企业及北元集团特点的党建引领经营管理、安全生产、环境保护等工作深度融入的项目，明确阶段性工作方法和路径。三是持续推进党建引领安全工作品牌建设。创建"党管安全"标杆党组织，使党组织成为凝聚党员群众的"主心骨"，党员干部成为促推安全生产的"领头羊"，广大员工成为安全生产的"生力军"，使党建职能落实在安全生产一线，促进企业健康安全稳定发展。四是积极创新党建引领中心工作的方法和途径。引导下属企业结合本单位实际，围绕"党建＋"（包括"党建＋融合工程"，服务中心大局；"党建＋暖心工程"，凝聚民生合力；"党建＋廉洁工程"，深化作风建设。还有"党建＋业务"模式，包括"党建＋人才培养"，打造学习型堡垒；"党建＋新员工培训"，师徒结对共成长；"党建＋办实事"，打造服务型堡垒；"党建＋新思路"，打造创新性堡垒）、"党建4.0"、党建"5+1"等主题，持续深入开展"基层党建提升

❖ 意气风发的北元人

月"、党员责任区、"党员示范岗"等特色党建活动，实行党员积分制管理，使党建工作有载体、有特色，形式多样、内容丰富，为实现党建与业务工作融合、推动企业高质量发展提供坚实的政治保证和组织保障。

（四）坚持夯实党建基础，建强创先争优、攻坚克难战斗堡垒

北元集团党委始终把抓好基层党建工作作为政治责任，坚持以提升组织力为重点，突出政治功能，强化组织功能，抓住关键环节，加强基层党组织建设，不断增强基层党组织的政治引领力、思想引领力、群众引领力、社会号召力。一是建立健全基层党组织。坚持"企业发展到哪里，党组织就建到哪里"工作思路，全面整改无党员班组，实现党组织全覆盖，进一步发挥基层党组织的战斗堡垒作用。二是规范基层党组织运行。以建设"智慧党建"

为抓手，规范使用各级党员信息管理系统，建立智慧党费收缴平台，运行陕西省线上党建平台系统，下发《"三会一课"记录本》，规范"三会一课"、组织生活会等党的组织生活制度，进一步夯实基层党组织，党支部战斗堡垒作用日益凸显。三是持续加强基层专兼职党务人员队伍建设。选配政治素质高、业务能力强、工作作风硬的同志充实到党务工作岗位，创新性开展党支部书记持证上岗，通过集中培训、红色教育、专题党课、定期轮岗等措施强化基层党建，落实党务工作者和同级行政负责人同等待遇政策。四是大力推进基层党支部标准化建设。树立基层党建标杆，打造基层党建精品工程，形成党支部标准化规范化建设品牌体系、党建管理共创共建"结对子"特色工作体系等，使党建目标更实、组织功能更强、党员队伍更有活力、融入中心更有实效。北元集团安全环保部党支部、热电分公司生产技术中心第一党支部等4个党支部被评为陕煤集团标杆党支部。编印《北元集团党支部典型案例集》。推送6个基层党支部经验做法列入陕煤集团党支部典型案例。

（五）坚持党管干部、党管人才原则，筑牢干部人才队伍基础

北元集团党委坚持新时代好干部标准，坚持正确选人用人导向，把政治标准放在首位，突出政治标准、实绩业绩、敢于担当、务实肯干，精准识别干部，规范选人用人流程，营造良好选人用人环境，着力打造一支"政治强、懂专业、善管理、敢担当、作风正"的干部人才队伍。一是坚持将党管干部原则贯穿选人用人全过程。坚持德才兼备、以德为先选人用人标准和导向，坚持五湖四海、任人唯贤，结合企业实际切实解决"谁来选人""选什么人""怎样选人"等根本问题，推动选人用人工作提质增效。在

干部选拔任用中，突出能力过硬、堪当重任，把适应新发展阶段、新发展理念、新发展格局的优秀管理人员选任到重要岗位；突出责任过硬、敢于担当，注重从助力脱贫攻坚、统筹抓好疫情防控与生产经营工作的优秀管理人员中选拔任用。二是推进干部人事制度改革。规划明晰的人才战略，实施人才梯队建设制度，坚持"走出去""引进来"原则，通过向社会公开招聘专业性技术人才，推行职业经理人改革，推进管理序列、技术序列、技能序列"686"岗位职级体系建设，拓宽管理、技术、技能人才职业发展通道，实施岗位动态管理，进一步优化干部人才队伍结构，提升干部人才队伍整体素质。三是创新管理人员考核模式。采用360°考评方式，全方位、多角度开展干部考核考评，形成以绩效考核为导向、以日常监督为重点、以年终考核为抓手的考核机制，每年对考评为优秀的管理人员进行重奖，易岗易薪，对考评为基本称职的干部进行降职、免职，营造"能者上、平者让、庸者下"的竞争氛围，引导党员干部和管理人员担当作为、敢于创新，全力推进企业高质量发展。四是重视和加强管理人员培养交流。通过轮岗、转岗、竞聘上岗等方式，全方位、多维度培养锻炼复合型管理人才。加大年轻管理人员的选拔培养力度，本着"培养一批、提拔一批"的原则，破除"论资排辈、文凭等级、平衡照顾"观念，为青年人才脱颖而出搭建平台。截至2023年年底，业务主管及以上管理人员队伍中，80后管理人员占比82%，90后管理人员占比2%。

（六）坚持从严管党治党，营造风清气正政治生态

北元集团党委坚持党要管党、全面从严治党，保持政治定力，敢管敢严、真管真严、长管长严，着力加强党风廉政建设和反腐败

工作不放松不动摇。一是强化责任落实夯基础。与基层各单位签订党风廉政建设目标责任书，开展领导班子落实"两个责任"记实管理工作，形成一级抓一级、层层抓落实的工作机制。二是推进廉洁文化建设正风气。成立廉洁文化建设工作领导小组，制定《廉洁文化建设"五个一"实施方案》，编印《"3356"廉政风险防控手册》和《廉洁文化手册》，大力推进"3356"岗位廉洁风险防控体系建设，对公司899个岗位进行全面业务风险和流程梳理，对重点岗位廉洁风险进行精准辨识，实行廉洁风险动态管理。三是持续推进党风廉政建设常态化。开展纪律宣传教育月活动和廉洁文化进班子、进模块、进中心、进工段、进班组、进家庭活动，加大执纪问责力度，以组织开展纪律督查、明察暗访为抓手，深化运用"四种形态"，严明政治纪律和政治规矩。四是充分发挥巡视巡察"利剑"作用。巩固巡视巡察系列整改成果，对近年来"系列整改"工作进行"再回头看"，做深做细整改工作，推动全面从严治党向纵深发展。

（七）坚持以人为本，形成和谐稳定发展局面

北元集团党委根据混合所有制企业特点，坚持以党建带工建、带团建、带队伍建设，围绕"一切为了发展，一切为了员工"宗旨，始终把实现好维护好发展好职工权益放在首位，充分发挥各方面的积极性，引导企业管理层、民营股东和一线员工等共同为北元集团发展作贡献。一是畅通员工诉求渠道。常态化开展"我为群众办实事"主题实践活动，进一步完善综合服务平台QQ群，建立北元民主管理微信群、董事长信箱、董事长热线等，对员工提出的问题，做到事事有回应、件件有落实，为员工办实事办好事。二是举办丰富多彩的文体活动。每年开展职工健身运动会、千人健步跑、单身

❖ 北元集团第四届迎七一健步跑

青年联谊、职工子女夏令营等50余项员工喜闻乐见、参与度高的文体娱乐活动，进一步增强员工的凝聚力、向心力和归属感。编印《工运论文》《职工岗位技能比武赛事集锦画册》《巾帼之骄女职工风采展》等文化作品，展现职工风采，提升员工素质和能力。三是实施员工帮扶计划。推进"智慧工会"项目建设，建设"职工之家"，建成心理健康咨询室和母婴关爱室，开展夏送清凉、金秋助学等活动，广大员工获得感幸福感安全感不断增强。四是大力推进新班组建设。推动产业工人改革，创新开展职工"三小一练"、"五小"创新和"工人先锋号"活动，搭建劳模工匠创新工作室等人才培养平台，开展形式多样的劳动技能竞赛，组织员工参加各类国家级、省级技能竞赛，与榆林市总工会联合举办职工岗位技能比武大赛，鼓励广大职工比学赶超，营造良好的学习成长氛围。五是积极履行企业社会责任。公司响应号召，参与脱贫攻坚、乡村振兴和慈善事业，累计投入资金4000余万元。参加了陕西省"两联一包"、

❖"心连心"志愿者服务队走进扶贫村

榆林市"千企千村"帮扶工程等，帮扶汉阴县田禾村和梨树河村、佳县沙湾村、神木市乔巴泥沟村和枣稍沟村等，开展了产业帮扶、消费帮扶、就业帮扶、教育帮扶等帮扶举措，推动了由"输血"向"造血"的转变，助其实现脱贫致富。帮扶汉阴县幸和村、米脂县高西沟村、神木市南北沟村，为巩固脱贫攻坚成果、实现乡村振兴担当企业责任。

二、党支部标准化规范化建设

北元集团党委立足混合所有制企业实际，探索具有北元特色的党支部标准化规范化建设体系，升级党支部标准化规范化建设标准，树立基层党建标杆，打造基层党建精品工程，形成了文化4层次思维模式、管理4维度行为模式、"5+2"立体考评模式"三位一体"的党支部标准化规范化建设品牌体系。其中，文化4层次思维模式是指按照理念、制度、物质、行为4个层次推进党支部标准化规范化建设工作；管理4维度行为模式是指立足企业及党支部实际，按照远近、上下、表里、内外4个维度抓好党支部标准化规范化建设工作，发挥党建管理职能；"5+2"立体考评模式是指立足二级单位党委、党支部、支部书记、支部委员、党员5个维度进行考核，实施上级党委、基层党委"两级"检查机制，形成360°立体式具体可量化的支部标准化规范化建设考评体系和细则。这3个模式互相融合，形成了"管理＋文化"聚合裂变效应，实现了全面提高党建工作质效、以高质量党建引领保障企业高质量发展的目标。

（一）党支部标准化规范化建设的思路做法

北元集团党委致力于党支部标准化规范化建设，不断总结实践经验，不仅探索形成党支部标准化规范化建设品牌体系，而且形成了一整套成功的思路和做法。

1. 理念先行抓好顶层设计。一是以由远而近的规划领航。以"118"顶层设计为主体，即围绕生产经营一个中心、支部标准化一个总体部署要求，全力推进组织体系设置、班子队伍建设、党员教育管理、党内生活、工作载体、活动场所、工作运行机制、基本工作保障等8个方面标准化规范化，从理念和顶层设计上绘制清晰的任务书、路线图和时间表。二是由近而远的标准建设。结合经营管理、安全生产和党组织建设实际，分别制定实施细则，让标准化规范化建设由"大目标"变成"小步骤"，实现59个党支部既同频共振，又各具特色。

2. 制度规范筑牢工作根基。一是由上而下的责任扛旗。按照

"党委—党群工作部—二级单位党委"3层级管理体系，明确3个层级党组织的不同职责，做好月检查、季通报、半年验收工作，建立常态化机制。建立"党支部—支部书记—支部委员—党员"4层级责任清单，让支委班子成员明确党支部抓什么、谁来抓、如何抓的问题，让党员心中有方向、肩上有责任、手中有工作。二是由下而上的组织赋能。制定具体可量化的支部标准化规范化建设考评细则。围绕"5+2"立体考评模式，从二级单位党委、党支部、支部书记、支部委员、党员5个维度进行考核，实施"两级"检查机制，上级党委层面每半年验收、检查、评比，基层党委层面每月进行检查督查、季度评比通报。建立督导考评反馈机制，通过党支部自评、党员群众测评和党委考评3个评价环节，查找分析工作中存在的共性问题和难点问题，抓好整改落实。

3. 物质塑造营造良好氛围。 一是由表及里的场域赋能。打造布局合理、美观整洁、特色鲜明、氛围浓厚、统一规范的党员教育阵地，最大限度满足党员学习、培训等日常活动需要，丰富党员干部的精神文化生活。编印《党支部建设标准化手册》，针对"三会一课"、组织生活会、主题党日等工作，明确工作流程标准和执行标准，推进党建活动严在经常、融入日常，实现阵地正规化、活动经常化、制度规范化。二是由里及表的品牌塑造。通过设立党员责任区、党员示范区、党员突击队、党员服务队、党员攻关项目等，引导党员创先争优、攻坚克难，争当生产经营的能手、创新创业的模范、提高效益的标兵。各级党组织以"一个支部一个特色，一个支部一个品牌，一个支部一个亮点"为目标，创新载体、树立典型，形成"五心·五型"（讲恒心、增赋能，创建"学习型"党支部；有诚心、办实事，创建"服务型"党支部；肯专心、增质效，创建"务实型"党支部；聚慧心、促发展，创建"创新型"党支部；持戒心、强规矩，创建"廉洁型"党支部）、"红色引擎"主题党建活动（指以党建为动力，主要内容包括3个方面：一是通过党建工作的深入，让党建职能价值在一线得到充分发挥，形成支撑中心工作的不竭动力；二是根据不同阶段中心工作的要求，开展不同的主题活动，使党建工作更有针对性，更有实效，更能融入中心工作；三是使"把方向、管大局、保落实"的领导作用能够深入各层级、各个点和各项重大工作任务中，起到营造氛围、统一思想、凝聚人心的作用）、"化工灯塔"党建品牌创建活动（把党组织比作"灯塔"，让每一个党组织成为思想引领的航标、温情依靠的港湾、破浪前行的希望）、"精准"党建品牌（以加强党的全面领导为根本，以推进全面从严治党为主线，以"融入中心抓党建、抓好党建促发展"为工作思路，围绕生产经营安全等中心工作，剖析问题、因地制宜，精确定位、准确施策，以凝心聚力为根本，以氛围营造为关键，以具体措施为抓手，以运行模式为保障，打造"精准"党建品牌）、"双蓝先锋"品牌党支部（"双"代表生产技术中心所属两个工段；"蓝"代表身着湛蓝色工装。本着"党建引领、党员垂范、生产赋能"的建设目标，深挖生产载体，结合生产特点，将党建与生产工作深度融合，打造"双蓝先锋"特色品牌党支部。具体做法有5个方面：一是"体系搭桥"，创建特色品牌支部；二是"积分管理"，增强党员凝聚力；三是"难点攻关"，融合党建再提升；四是"结对子"交流，开辟党建新模式；五是强化"政治教育"，夯实党建固思想）、"红色管家+3"工作模式（由党支部遴选一批党员担任"红色管家"，构建用党旗引领"管家"、用"管家"联动党员、靠党员推动服务、让服务温暖员工的工作模式。"红色管家+3"是指"红色管家＋基础管理""红色管家＋节支创效""红色管家＋民生改善"）、"啄木鸟计划"（以啄木鸟为比喻，按照"征集意见找问题—选好大夫除病灶—监督检查强保障—成果评比有奖励"的工作程序，使基层党支部和党员在生产经营中发挥作用，为企业解决生产系统疑难问题，助推企业高质量发展）等党建品牌。建立了"12335"特色党建工作体系（即紧紧围绕"安全生产经营"一个中心，运用党建"融合＋转化"两个方法，夯实"基本组织＋基本制度＋基本队伍""三基"建设，发挥"党委、党支部、党员"3个层面作用，固化"体制＋机制""体系＋制度""融合＋实效""固化＋创新""考核＋提升"为特点的"五位一体"工作架构）。编印《为有源头活水来》党支部标准化规范化建设典型案例集，4个党支部被陕煤集团党委授予党支部标准化建设示范点，推树6个党支部标准化建设实践案例，让标准化规范化建设由"个别优"到"整体强"。

4. 行为落地打造文化品牌。一是由外而内的变革跃迁。针对化工企业的特点，深入探索"党建工作与安全生产深度融合"的有效路径，建立党建引领安全生产考核机制，与中央党校合作党建融合项目，全力促进党支部经常性工作与生产经营关键性任务相融互促，不断总结"党建＋安全生产"的"双轮驱动"经验，创建"党管安全"标杆党支部，推进党建职能落实在安全生产一线，将党建优势转化为企业安全发展优势。二是由内而外的本质驱动。把推动工作任务落实作为党支部标准化规范化建设的试金石，激活党支部的内在生机、群体动力，在落实各项工作关键时刻有党员带头，关键岗位有党员把关，关键技术有党员攻关，"雁形团队"的培塑使人人都担当，人人都赋能。

（二）党支部标准化规范化建设的实际成效

北元集团党委不断探索实践，努力将党支部标准化规范化建设工作转化为管理与文化的聚合体，从而发挥裂变效应，释放更多党建能量，推动企业各项工作取得显著成效。

1. **党员队伍凝聚力显著增强**。突出"党建+"模式，形成"比学赶帮超"良好氛围，培育一批立足岗位、勇建新功的党员骨干，助推公司重点工作任务落实落地见效。

2. **党建文化氛围更加凸显**。通过企业文化定位来确定党建工作内容，进一步整合党建工作在企业文化中的契合点，以先进文化带动党员素质能力提高，逐步形成具有北元特色的党建文化。

3. **党建管理作用充分发挥**。把党支部建设与企业管理有机融合起来，把党建优势转化为管理要素，基层党组织建设不断夯实，员工综合素养大幅提升，基础管理和安全管理水平显著提高。

4. **企业转型升级跨越发展**。党建工作科学化规范化水平不断提升，促进党建优势转化为企业的创新优势、发展优势、竞争优势，生产经营稳中有进，安全形势持续向好，募投项目开工建设，转型发展稳步推进，以高质量党建引领推动企业高质量发展的成效更加彰显。

三、党的建设实践创新和品牌建设的经验启示

前进的道路从来都是不平坦的。当前，国际国内形势正在发生重大变化，势必对企业发展产生深刻影响，在总结成绩和经验的同时，要清醒认识到，北元集团党建工作与新时代党的建设总要求，与各级党委和陕煤集团党委的部署要求，与广大党员干部员工的期待还有差距，存在着制约发展、亟待解决的问题、短板和难点。作为混合所有制企业，与国有企业在企业性质、经营机制、管理制度、员工身份等方面都有很多不同。具体说来，国有企业传统的行政治理方式与混合所有制企业法人治理结构之间有差异，注重承担

社会责任的国有企业党建工作导向与利益多元化的混合所有制企业在追求利益最大化之间有差异，发挥作用的稳定性与企业资源流动性、党建工作载体及服务对象不确定性之间有差异。根据这些差异，分析混合所有制企业现今状况，北元集团还需要在以下几个方面加以关注：一是贯彻新发展理念的自觉性还需要进一步增强。二是谋划企业高质量发展的思考还需要进一步深入。三是推动企业发展的责任感紧迫感还需要进一步增强。四是落实新时代党的建设总要求还需要有新思路新举措，进一步解决党建工作落实不够深入系统和基层党组织建设、党建工作效能等方面的薄弱环节。

北元集团的发展，不只是企业规模的扩大、效益的增长，更重要的是离不开扎实有力的党建工作成效，高质量党建已成为企业高质量发展的"根"和"魂"。总结近年来北元集团党建工作，可以得出以下重要的经验和启示。

（一）必须坚持党的全面领导不动摇

坚持党的全面领导、加强党的建设是习近平新时代中国特色社会主义思想的核心内容。近年来，北元集团党委坚持党的全面领导，全面加强党的建设，抓班子带队伍，抓基层打基础，抓文化聚人心，抓党纪正风气，抓防控重廉洁，营造了干事创业的良好氛围。实践证明，只有始终坚持党的全面领导，坚决听党话、跟党走，全面贯彻落实党的理论和路线方针政策，"把方向、管大局、保落实"，不断提高企业党建科学化水平，充分发挥思想政治工作优势，才能为企业发展提供坚强保证。

（二）必须坚持融入中心、服务大局不动摇

如何把党的政治优势系统转化为公司发展优势，是北元集团党

委始终思考的头等大事。近年来，北元集团党委坚持融入中心抓党建、抓好党建促发展，始终把做强做优主业作为根本任务来抓，有效发挥党组织的政治优势、组织优势和密切联系群众优势，变挑战为机遇，变压力为动力，勇于进取、攻坚克难，实现了企业规模效益的稳步增长。实践证明，只有把党的政治优势、组织优势和密切联系群众优势转化为企业核心竞争优势，在发展中促转变、在转变中谋发展，才能在激烈市场竞争中立于不败之地。

（三）必须坚持安全与发展、效率与效益协同推进不动摇

加强党对经济工作和安全生产的领导，是企业行稳致远的根本。近年来，北元集团党委深刻认识到，安全是发展的前提，发展是安全的保障，实现安全生产是企业生存发展的根基；效率和效益是企业生存发展的关键，也是企业高质量发展的出发点和落脚点。实践证明，只有把坚持党的全面领导要求贯穿到经营管理、改革发展、安全生产等工作全过程各方面，统筹协调发展与安全、效率与效益，实现相互协调统一，才能为企业发展提供根本保障。

（四）必须坚持解放思想、改革创新、再接再厉的重大要求不动摇

解放思想、改革创新、再接再厉，是习近平总书记在陕西榆林考察时强调的重点，是更好统筹发展和安全、更好服务和融入新发展格局、谱写企业高质量发展新篇章的关键所在。近年来，北元集团党委始终以解放思想、更新观念为重点，不断深化重点领域和关键环节改革，大力推动生产管理、企业改革、科技研发等方面创新，充分激发企业发展的内在动力。实践证明，只有坚持解放思想、改革创新、再接再厉，破除体制机制障碍，全面提升企业改革

创新能力，才能为企业发展提供不竭动力。

（五）必须坚持抓基层打基础的理念不动摇

党的基层组织是党的全部工作和战斗力的基础。近年来，北元集团党委着力增强基层党组织的政治功能和组织功能，提高基层党组织的凝聚力战斗力，充分发挥基层党组织的战斗堡垒作用和广大党员的先锋模范作用，不断夯实公司发展的组织基础。实践证明，只有以改革创新精神抓好党的建设，坚持发挥好基层党组织的领导作用和战斗堡垒作用，提高党建工作针对性实效性，才能确保党建工作永葆生机活力，为企业发展提供强大领导力。

（六）必须坚持和谐稳定的发展理念不动摇

坚持全心全意依靠工人阶级根本方针，是坚持党对企业领导的内在要求。近年来，北元集团党委牢固树立以人民为中心的发展思想，积极践行党的群众路线，自觉维护职工群众合法权益，大力加强和谐企业建设。实践证明，只有坚持全心全意依靠职工群众办企业，持之以恒解决好职工群众关心的"急难愁盼"问题，不断改善生产生活条件，凝聚全员干事创业力量，进一步增强员工价值感和获得感幸福感安全感，才能为企业发展营造良好环境。

以"北元模式"培育混合所有制企业发展新动能

陕西北元化工集团股份有限公司（以下简称北元集团）是一家以氯碱化工为主导，融新能源、新材料等循环综合利用产业为一体的大型国有相对控股的混合所有制企业。成立以来，北元制定了清晰的发展战略和目标，紧紧围绕国家战略需求和市场变化，通过科技创新、资本运作等取得了一系列发展成果。党的十八大以来，北元集团以习近平新时代中国特色社会主义思想为指导，全面、准确、完整贯彻新发展理念，积极推进企业改革与发展，不断提升企业的核心竞争力和综合实力，培育发展新动能。

一、坚持党的全面领导，以党建引领改革跑出"北元速度"

近年来，北元集团坚持以习近平新时代中国特色社会主义思想为指导，深入学习贯彻党的二十大精神，全面落实党中央、陕西省委和陕煤集团党委各项决策部署及工作要求，把党的政治建设摆在首位，坚持党的全面领导，提升党组织战斗堡垒作用，强化党员先锋模范作用，以党的领导为根本推进党建工作和生产经营相结合，促进改革跑出"北元速度"。

（一）加强党对混合所有制企业的领导

习近平总书记在全国国有企业党建工作会议上指出，坚持党的领导、加强党的建设，是国有企业的"根"和"魂"，是我国国有企业的独特优势。公司坚决落实"两个一以贯之"要求，把党的领导贯穿到公司治理全过程。在企业制度建设中，推动落实党建入章程，坚持党委"把方向、管大局、保落实"与董事会"战略管理、科学决策、防控风险"有机统一，制定了公司党委《关于进一步加强和完善贯彻落实中省重大决策部署工作机制的实施意见》、董事会评价办法、党委会前置事项研究清单、修订"三重一大"决策实施办法。分层分类落实董事会职权，强化外部董事规范管理和履职支撑，完善董事会向经理层授权制度，使党的全面领导在制度规定、程序保障、实践落实中得以贯通。

（二）党建工作和生产经营工作"两手抓、两促进"，加强党的建设引领导向效应

集团发挥党委领导作用，牢固树立"党建做实了就是生产力、做强了就是竞争力、做细了就是凝聚力"的理念，积极探索混合所有制企业党建工作新方法、新路径，营造了良好的政治生态和企业文化。紧紧围绕"12335"党建工作体系，以建设"一流企业党建"为主线，以"党建品牌"和"创新管理"为抓手，狠抓党的建设工作。基层各级党组织积极创新党建工作方法，强化落实"党管安全"工作，打造安全先锋党支部和党员安全先锋岗，结合"党建+"、"党建4.0"、党建"5+1"等党建主题，开展"基层党建

提升月"、党员责任区、"党员示范岗"等特色党建活动，形成以"5+2"立体考评模式为核心的"三位一体"管理体系，引导广大党员在工作中举党旗亮身份，开展形式多样的主题活动，当先锋作表率，被评为陕西省国资委先进基层党组织，并入选国企党建优秀案例。一系列符合公司具体实际、行之有效的措施，使党组织成为凝聚党员群众的"主心骨"，让党员干部成为促推安全发展的"领头羊"，让广大员工成为安全生产的"生力军"，实现了党建与生产经营的深度融合、同频共振，为公司高质量发展提供坚实的政治保障和组织保障。

（三）坚持党管干部，将这一原则贯穿选人用人全过程

集团党委坚持好干部的选拔标准、正确选人用人导向和规范的选人用人流程，结合实际牢牢把握德才兼备、任人唯贤这个核心，在干部选拔任用上，突出能力过硬、堪当重任，把能够完整、准确、全面贯彻新发展理念的管理人员放在重要岗位；突出责任过硬、敢于担当，注重从助力脱贫攻坚、统筹抓好疫情防控与生产经营工作的优秀管理人员中选拔任用。加大年轻管理人员的选拔培养力度，本着"培养一批、提拔一批"的原则，破除"论资排辈、文凭等级、平衡照顾"观念，为青年人才脱颖而出搭建平台，截至目前，业务主管及以上管理人员队伍中，80后管理人员占比82%，90后管理人员占比2%，管理人员年龄结构呈现年轻化的趋势。通过轮岗、交流等方式，全方位、多维度培养锻炼复合型管理人才，近两年累计对业务主管及以上管理人员进行轮岗交流调整20人次。通过一系列的措施导向和决策实践，凸显把政治标准放在首位，突出政治标准、实绩业绩、敢于担当、务实肯干，精准识别干部，营造出良好选人用人环境。

二、致力中国特色国有企业现代公司治理，以"北元模式"构建发展新质生产力

北元集团是由陕西煤业化工集团有限公司（以下简称陕煤集团）、民营企业、自然人股东和员工持股平台共同组建的大型化工企业，从 2003 年成立至今，走过了逾 20 年的发展历程，在股东构成、增资扩股、经营管理等方面有着丰富的经历，也积攒了深厚的经验。

（一）在组建集团过程中，充分发挥国企和民企各自的优势，扬长避短，在优势互补中实现共赢发展

北元集团是混合所有制企业，国企和民企参与其中，在联合做大做强目标引领下，基于提升竞争力、加快产业升级的合作机制，北元原 10 万吨/年聚氯乙烯生产装置不具有规模效应和成本优势，需要进一步发展壮大，打造企业竞争优势，陕煤集团是省属大型企业，混改后可为企业带来长远发展机遇；陕煤集团需要进军煤化工产业，北元管理规范、积累了丰富的项目建设和化工管理经验及人才，可以作为发展煤化工的一个战略支点，双方互补特征明显。双方通过企业重组衍生市场主体，形成新的混合所有制企业，打破了过去国有企业与民营企业泾渭分明、相互挤压的格局。既发挥了国有企业资本雄厚、资源充足、管理规范的优势，也克服了国企存在的包袱重、效率低等问题。既促进了民营企业综合实力的提升，突出了民企管理灵活、市场触角敏锐的优点，也弥补了民企资金和人力资源缺乏等劣势。北元一方面吸纳混合所有制所带来的各项优势，另一方面在企业管理方面兼顾股

❖ 2020 年 10 月 20 日，北元集团在上海证券交易所主板成功上市

东、客户、员工不同责任主体，从产业调整优化、企业管理、企业文化建设等方面打造规范、合乎市场需求的各项标准，"北元模式"开创的"国"进"民"不退，都不当老大——实现了民营企业与国有企业联姻共赢、优势互补，为行业和区域发展混合所有制经济树立了标杆。

（二）科学合理运作资本，通过增资扩股、上市为企业生产经营投入所需的要素

2007 年 12 月，陕煤集团以增资扩股的方式重组北元集团。经过双方多次磋商和反复商讨，将陕煤集团持股比例设定为 40.48%，多方民营股东分散持股 59.52%，避免了股权过于集中的"一股独大"和"三个和尚没水吃"的股权分散状况。混改后，其间经过多次股权变更，但国有股权比例与民营股权比例基本保持不变，为有效融合各方股东意见、形成健全的法人治理结构、实现企业市场化运作奠定坚实的基础，产生了积极的影响。2008 年 2 月，

北元召开了八届一次股东会暨 2008 年第一次董事会、监事会会议，会议明确了以股东会、董事会、监事会为根本管理制度的公司章程，企业法人治理结构得到完善。2015 年，北元集团正式启动上市准备工作，将上市作为检验工作成效的重要标尺，公司领导班子制订了详细的计划和时间表，带领全体员工逐步推进各项准备工作，2017 年 6 月，北元集团完成了股份制改制。2020 年 10 月 20 日成功登陆上海证券交易所 A 股主板市场，实现榆林主板上市企业"零"的突破，圆了期盼已久的上市梦。上市募集资金总额 36.73 亿元，增强了发展后劲和竞争优势，对提升资产证券化水平具有里程碑意义。两次增资扩股，使北元建设 100 万吨 / 年聚氯乙烯循环综合利用项目具备了物质基础，为企业实现跨越发展提供了强大的动力，也开了当地民企联合大型国企合作建设煤、盐化工项目的先河。

（三）完善企业运转体制机制，推进机构改革、人员精减

一是建立"党委领导核心，董事会战略决策，监事会独立监督，管理层全权经营"的治理体系，对标上市企业要求，完善法人治理结构改革项目 5 项，修订完善公司章程"三会"议事规则等 20 多项制度。引入 4 名独立董事，并在董事会下设战略、审计、提名、薪酬与考核 4 个专门委员会，进一步落实董事会重大决策、选人用人和薪酬分配等职权。严格落实国有资本保值增值责任，完善权责清晰、约束有效的经营投资责任体系，制定下发了《违规经营投资责任追究办法》，为促进企业规范化经营，防止国有资产流失提供了制度保障。二是按照"去机关化"要求，坚持精干高效原则，裁撤集团本部和分子公司职能科室 45 个，推行专业模块管理；先后对所属水泥有限公司、热电分公司、化工分公司实

施机构扁平化改革，撤销了分厂建制。2021 年，在所属化工分公司推行专业装置化"十"字形改革，实现了"四减少一提升"，减少 1 个层级、减少 7 个机构、减少 292 个岗位、减少 502 个编制，管理效率大幅提升。三是不断完善"定编、定岗、定员"动态调整机制，提升编制定员管理水平。2021 年引入专业管理咨询机构，对全公司范围内的编制定员管理诊断优化，通过组织机构改革，岗位合并与融合，岗位和编制数量均大幅减少，岗位总数由 1510 个减少至 910 个；编制总数由 5033 人减少至 4419 人。四是通过诉求多元化倒逼企业内部控制监督，促进企业科学决策、民主决策，更有利于现代企业制度的形成。

三、用好管理和激励制度，以"进、出、上、下"多维度全过程管理激发人才干事创业活力

二十载基业，人才为本。北元集团在各个时期持续推进人才队伍建设，以人才推动企业改革发展。与企业治理现代化同频共振，北元集团从人才输入、不同人群考评考核、探索职业经理人管理机制等方面着手，建立起特色鲜明的用人机制和激励体系，打造实现跨越式发展的根本力量和坚实支撑的高素质人才队伍。

（一）推行公开招聘制度，实现业绩考评全员覆盖，对不同群体因人施策予以考评，发挥政策工具最大效能

一方面，严格实行"逢进必试"的公开招聘制度，建立了以合同管理为核心的市场化流动机制，与全体员工签订劳动合同。在人才来源方面，坚持"走出去""引进来"原则，通过向社会公开招聘专业性技术人才，推行职业经理人改革，创新开展管理人员轮

岗、转岗、竞聘上岗、交叉任职等新模式，大力推进管理序列、技术序列、技能序列"三位一体"管理机制，构建了"686"岗位职级评价体系，实施岗位动态管理，进一步优化干部队伍结构，提升了干部队伍整体素质。做好产学结合，与榆林地区 3 所高校合作设立订单班，变招工为招生，提前培养和储备技能型专业人才，畅通了人才输入渠道。

另一方面，对分子公司经理班子、管理人员、主管及以下人员设计不同的考评指标和标准体系，充分发挥考评的鞭策激励作用。依托新型经营责任制的实行，更大力度推行管理人员竞争上岗、末等调整和不胜任退出相关制度，分类明确并优化员工市场化退出的标准和渠道，市场化运营探索建立完善企业内部人才市场。对分子公司经理班子，从 2010 年起，每年由各分子公司经理代表所属单位经理层与公司签订经营业绩责任书，明确考核内容及指标，薪酬激励直接取决于年度经营业绩考核结果，层层传导压力，加强履职考核，激发组织活力。2021 年起推行经理层成员任期制和契约化管

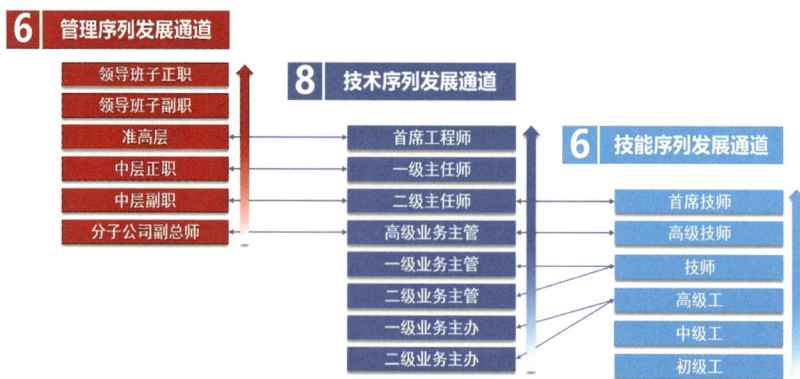

构建"686"岗位职级体系，拓宽三支队伍晋升发展通道

6 管理序列发展通道

- 领导班子正职
- 领导班子副职
- 准高层
- 中层正职
- 中层副职
- 分子公司副总师

8 技术序列发展通道

- 首席工程师
- 一级主任师
- 二级主任师
- 高级业务主管
- 一级业务主管
- 二级业务主管
- 一级业务主办
- 二级业务主办

6 技能序列发展通道

- 首席技师
- 高级技师
- 技师
- 高级工
- 中级工
- 初级工

❖ "686"岗位职级体系

理，公司党委书记、董事长分别与经理层成员签订《岗位聘任协议书》《任期经营业绩责任书》《年度经营业绩责任书》，压实责任、明确目标，打破了"铁交椅""大锅饭"，充分激发了经理层成员的活力和创造力。对于管理人员考核，采用360°考评方式，全方位、多角度开展干部考核考评，形成了以绩效考核为导向、以日常监督为重点、以年终考核为抓手的机制，每年对考评为优秀的管理人员进行重奖，易岗易薪，对考评为基本称职的干部进行降职、免职，营造"能者上、平者让、庸者下"的竞争氛围。对于主管及以下人员，以业绩为导向将月度考核与年度考评结合起来，对考评结果进行强制排名，年度考评优秀类员工比例不超过20%，基本合格和不合格类员工比例不低于3%。在考评结果应用中，对不胜任岗位的员工进行转岗或重新进行岗位培训，对符合退出条件的，依法依规解除劳动关系。因各项改革导致的人员暂时超编，通过补充至募投项目、置换劳务派遣岗位人员以及自然流失等方式，逐步达到动态平衡。

（二）深化分配制度改革，建立优化以岗位价值为依据的差异化薪酬分配体系

一是实行"以岗定薪"优化岗位管理和薪酬管理体系，薪酬激励进一步向生产一线岗位倾斜、向关键核心岗位倾斜、向紧缺急需的高精尖专人才倾斜。增设能力工资，以业绩为导向，通过职级晋升拉开收入差距，技术序列最高可晋升至首席工程师，享受准高级待遇，技能序列最高可晋升至首席技师，享受中层副职待遇。设置浮动工资不低于50%的工资结构，岗位层级越高，浮动薪酬占比越高，充分激发了工作积极性，实现了薪酬外部竞争性和内部激励性双提升，解决了"能增能减"的难题。二是试行混合所有制

企业员工持股改革。2017 年，北元采取定向增发方式，对 41 名骨干人员实施股权激励。持股改革后，技术和管理骨干人员真正成为企业利益共同体，建立股权内部流转和动态调整机制，实现员工与企业利益共享、风险共担，更加激发了骨干员工创新创效创业的热情。三是探索实施"减员增效""项目制薪酬""检修队伍市场化"分配模式，在工资总额基本不变或小幅增长的前提下，通过"减少用工、提高劳动效率""效益增、工资总额增，效益减、工资总额减"的方式，实现员工收入与企业效益挂钩，形成良性的激励约束机制。

（三）抢抓上市筹备"双百行动"历史机遇，积极探索职业经理人机制

建立健全了"能进能出、能上能下、能高能低"的选人用人和薪酬分配制度，实施契约化管理，突出薪酬差异激励在企业内部营造市场化、职业化的干事创业浓厚氛围。经过 3 年多的实践，累计选聘职业经理人 10 人。一方面，推行契约化管理，实现市场化经营。北元集团与职业经理人签订《聘用协议书》，约定职业经理人权、责、利等条款；签订年度和任期经营业绩目标责任书，明确职业经理人考核指标和薪酬兑现规范。职业经理人每届任期 3 年，对年度和任期考评，每年度考核一次，任期届满进行 3 年综合业绩评价。同时，详细约定了中途新加入或退出的管理规定，制定了职业经理人负面清单，严格职业经理人任期考核管理，确保职业经理人"能进能出"，有效传导经营压力。2020 年，北元集团贯彻落实国务院国企改革三年行动精神，在子公司水泥有限公司率先推行职业经理人改革，经过两年的探索实践，水泥有限公司管理成效显著增强，进一步激发了企业经营活力。2021 年，对子公司锦源化工有限

公司实施职业经理人改革，新聘任 1 人，退出 1 人，一系列举措可复制、可推广，其可行性得到验证。

另一方面，突出薪酬差异化管理。改革能否取得实效，职业经理人的薪酬待遇落地机制至关重要。北元集团将职业经理人薪酬与业绩挂钩，实行超额累进利润共享机制，奖励金额上不封顶。2019 年之前，职业经理人薪酬由基本年薪与绩效年薪组成，各占 50%。改革之后，职业经理人薪酬由固定基本年薪、绩效年薪、超额利润共享、任期激励等组成。绩效年薪约占年薪的 75%，实行风险保证金制度，年度考核结束后绩效年薪的 30% 作为风险保证金，任期届满后经考评审计后根据考核结果分档连本带息予以发放。同时，突出职业经理人正职与副职薪酬待遇的差异化。副职基本年薪不超过正职的 80%，绩效年薪随考核浮动，并按照超额利润的 1%—6% 进行阶梯式累进奖励，上不封顶。

❖职业经理人公开选聘会

四、发力创新驱动发展，在产业转型升级中实现绿色低碳生产、高质量发展

北元集团注重创新驱动发展，坚持数字化、智能化、绿色化、融合化，通过技术创新和产品研发，实现产能升级、产品迭代及新品研发，谋划实施绿色低碳生产、循环经济建设，依托互联网技术、信息化建设赋能企业运转和生产经营，培育绿色新动能，促进企业发展提质增效。

（一）建设一体化循环经济产业链，实现了经济效益、社会效益和环境效益的有机统一

党的十八大以来，国家提出绿色低碳发展、加快形成绿色生产方式、推进碳达峰碳中和的战略目标规划，对化工行业提出了更高的要求。第一，北元集团作为国家循环经济标准化试点企业，积极响应国家号召，充分利用当地丰富的煤炭和原盐资源，建设了以聚氯乙烯产品为核心的"煤—电—电石—氯碱化工—工业废渣综合利用生产水泥"的一体化循环经济产业链，以自备电厂为纽带，资源在生产全过程得到高效利用，对废弃物综合处理，实现有效减排，降低了生产成本和环境压力。第二，在园区循环链中，北元集团使用亚华热电蒸汽用于 10 万吨 / 年聚氯乙烯装置；使用神木化工多余氮气，解决氮气不足问题；与锦界煤矿之间修建输煤廊道向集团供煤；和瑞水厂的矿井疏干水通过地下管网向集团供应。通过循环经济产业链的实施，园区内物料得到综合利用。第三，结合产业链现状和未来发展规划，做好能源管理工作。集团制定中长期"双碳"规划，建立能源管理、碳资产管理体系。加大技术改造投入力度，

实施循环水系统、热电汽轮机、锦源电石炉、全厂电机变频等节能改造，投用水泥余热锅炉，回收利用余热生产蒸汽供化工装置区使用，充分回收利用生产系统余温余热，全面排查换热环节冷热量损失，加强能量平衡管理，年节能量达 1.7 万吨标准煤，实现节能减排。投运母液水深度处理装置，实现了污水的"零排放"。同时，淘汰低能效设备，更新高效能设备，提升设备整体能效水平。近年来，累计完成 800 余台耗能设备的更换，年节电约 600 万千瓦时，年节能量 730 吨标准煤，减排二氧化碳约 0.3 万吨。

（二）积极推动新项目和技术的应用研究，推出具有创新性的产品和服务，提高公司的核心竞争力，满足市场需求

北元集团加大科技创新投入，强化原创性和引领性科技攻关，提高科技成果产业化率。开展技术改造和升级，推进智能化、数字化、绿色化的发展，提高产品附加值和竞争力。一是参与国家行业产品与技术标准创建工作。先后参与制定、修订国家标准 11 项、行业标准 5 项、团体标准 42 项，创建国家标准《节水型企业——氯碱行业》，团体标准《电石用兰炭》《氯乙烯气柜安全运行规程》《氯碱工业技术经济核算方法》《电石法聚氯乙烯生产安全操作规程第 2 部分：乙炔清净》4 项，填补了行业空白，为氯碱行业稳步发展作出了卓越贡献。二是紧盯产业发展瓶颈，加速企业转型升级。构建"精细化工 + 绿色材料"的低碳、高效、绿色化工产品产业链，扎实推进绿色无汞催化剂及低碳工艺工业化示范应用，自主设计无汞触媒中试侧线装置和万吨级无汞触媒工业化示范装置的工艺包，无汞触媒技术达到国际领先水平，项目投运后可减排二氧化碳 124 千克 / 吨聚氯乙烯。2011 年 12 月，100 万吨 / 年聚氯乙烯循环综合利用项目二期聚氯乙烯产品下线，项目全面建成投产。

❖VCM 合成装置

（三）实施科技创新综合管理，应用于知识产权、科技创新项目、科技信息方面，塑造、增强创新能力，助力"提品质、增品种、创品牌"的"三品"战略实施，丰富产品序列

一是加强知识产权管理工作。建立健全知识产权管理机制，建立健全专利管理流程，对可产出知识产权成果的项目优先予以立项，定期组织开展专利评估工作，以员工名字命名职工创新工作室和科技成果。2018 年，北元集团的专利"一种合成氯乙烯用的低汞触媒"获第十八届中国专利优秀奖。二是提高科技创新项目管理水平。制定《科技创新项目管理办法》，与科技创新项目负责人签订责任状，推行科技创新项目任务书评审机制。2018 年至今，公司批准立项科技创新项目共计 219 项，科技研发投入累计达到 4.07 亿元。加大新产品开发力度，树脂产品增加到 42 种，居全国第一。形成

110 万吨 / 年聚氯乙烯、80 万吨 / 年离子膜烧碱、4×125 兆瓦煤电、220 万吨 / 年新型干法工业废渣水泥、50 万吨 / 年电石的生产能力，其中烧碱产能在陕西省内排名第一，全国排名第五。荣获省部级科学技术奖 2 项，中国石油和化学工业联合会等协会科技创新类奖项 80 余项。三是规范科技信息管理。完善科技信息管理，设置专人专岗；搭建科技信息资源平台，定期编发科技信息专题分析报告；编制《科技信息月刊》《竞争对手知识产权分析报告》《科技政策信息解读》，促进内部信息的流通和协同创新，为决策部署提供参考。依托科学的管理和流程的规范化，集团被评为全国两化融合示范企业、陕西省知识产权示范企业、陕西省高新技术企业，2019 年获批国家知识产权优势企业并于 2022 年通过复核。

北元集团凭借资源、规模、循环产业链、区位、体制与品牌优势，发展积蓄并形成了北元特色产品序列体系，实现了高质量跨越式发展。新的征程上，北元把"新能源 + 储能 + 二氧化碳消减 + 化工"作为转型升级新路径，全力构建全流程智能制造、绿色低碳的现代产业体系，打造"绿色企业"，为全面建成社会主义现代化强国贡献北元力量。

把握"安全—环保—绿色"发展逻辑 培育积蓄高质量发展的"北元动力"

近年来，北元集团坚持以习近平新时代中国特色社会主义思想为指导，根据"围绕'双碳'目标，做精主业，进军新能源，坚持绿色低碳高质量、多元融合"的发展思路，形成"安全—环保—绿色"发展逻辑，同步一系列制度建设、机制形成、开源节流的有力举措，扎实推进优化升级存量，稳步拓展增量。

一、坚持党管安全，保障企业发展行稳致远

北元集团把生产安全摆在企业发展、生产运转的突出位置，时刻绷紧安全这根弦，坚持"党管安全"工作思路，基于风险防管控，把安全第一理念贯穿工作全流程各环节，通过强化责任担当、建立体制机制，以人、事、物为切入点，全面系统切实做好安全工作。

（一）把党对安全工作的领导凸显出来，以"党管安全"为引领做好安全工作管理顶层设计

建立"党管安全"工作机制。在集团层面，成立由党委书记、

❖ 北元集团承办榆林市氯气泄漏企地联动突发环境事件应急演练

董事长，党委副书记、总经理任组长的"党管安全"标杆党组织创建工作领导小组，制定并下发《关于试点创建"党管安全"标杆党组织的通知》《关于强化落实"党管安全"工作的通知》，明确各党支部、支部书记和党员的安全职责，促进基层党组织和党员干部主动研究安全生产重大问题，积极发挥他们在安全生产工作中的核心作用、带头作用和模范作用。依据神木市安全生产委员会《全市安全生产专项整治三年行动实施方案》文件要求，全力推动安全生产专项整治三年行动。同时，严格落实企业安全生产主体责任。按照《中华人民共和国安全生产法》"三管三必须"原则，建立起"横向到边、纵向到底"的全员安全生产责任制，结合公司年度安全生产工作方针和目标，逐级签订《安全生产目标责任状》《安全生产承诺及履职计划》《安全生产（消防）目标责任状》，制定《安全生产履职计划实施记录》，形成"一岗一清单""一人一本账"，

❖ 厂区一角

按照全员安全生产责任制考核管理办法落实考核，把压力从上到下逐级传导到位，把责任按照岗位、层级逐个分解明晰，推动实现在岗员工"人人都是安全生产的守护者，人人都是生产安全的受益者"。

（二）统筹不同跨度的生产周期，以年度规划为纲，规划安全生产工作

北元集团依据国家、陕西省及榆林市各类安全生产工作相关部署及陕煤集团、陕西化工集团关于安全生产工作的安排，结合自身运营实际，谋划安全生产工作。每月组织召开安全生产调度例会，每季度组织召开安全生产委员会会议，通报安全生产管理状况，研究解决影响生产系统安全稳定运行的疑难问题，安排部署安全生产管理重点工作。根据陕煤集团、陕西化工集团《关于加强2023年

❖厂区一角

安全生产工作的决定》，结合公司安全生产工作报告，制定下发
《关于切实加强 2023 年安全生产工作的决定》，明确全年安全生产
工作思路、目标和 17 个方面 107 项重点工作，对每项重点工作制
定了具体保障措施，建立了年度安全生产重点工作跟踪督办清单，
由专人负责督促落实。编制下发年度安全文化建设、安全标准化建
设、安全培训教育、安全风险隐患排查、应急演练、环境保护、安
全督查等工作计划，对全年安全生产工作进行了安排部署。完成公
司年度安全生产法律法规符合性评价，编制符合性评价报告，排查
不符合的行为项目，督促责任单位按计划整改。细化完善危险化学
品重大危险源三级包保责任人的隐患排查任务清单，组织相关单位
人员对照标准对"两重点一重大"开展风险隐患自查和危险化学品
重大危险源定期专项安全检查。

（三）在"党管安全"、集团统筹安全生产工作之下，夯实安全生产责任，建立管理体制机制

加大信息化企业建设，深入推进双重预防机制数字化。坚持以"风险管理"为核心，采用科学的风险评价方法，推进"工业互联网＋危化安全生产"重大危险源模块建设，从危险化学品、非危险化学品、能量、人员和作业活动五方面开展安全风险辨识、评估，建立了安全风险数据库，实现了"一图三清单"，建立了集团公司、分子公司、装置、班组四层级隐患排查治理体系。同时，基于双重预防机制数字化系统，完成风险基础信息数据上传，生成安全生产风险预警信息和处置建议措施，实现流程管理数字化、信息化。建立管理人员安全履职能力评估机制。每年组织开展管理人员安全履职能力评估，邀请第三方单位参与，编制《管理人员安全履职能力评估实施细则》，对人员安全履职能力现状、存在问题、共性问题，有针对性地进行改进，为提升安全生产管理水平起到了促进作用。转变安全监管模式，首创安全督查机制。成立安全督查队伍，对工艺安全指标、危险性作业管理、重大危险源管控、工艺管道跑冒滴漏、人员违章违规行为、人员安全履职情况等开展全天候、全方位督查，深挖形成问题隐患的根本原因及管理责任，通过"督查通报""督查震惊""万元罚款单"等方式，发挥安全督查震慑作用，实现了安全管理既高度重视又重在落实。作为补充，建立"三违"匿名举报奖励机制。依据《安全生产奖惩管理办法》设置"三违"匿名线上交流平台和举报电话，鼓励员工通过微信扫码反映身边的"三违"行为和风险隐患，并对相关人员予以奖励，调动了全员参与安全管理的积极性。

（四）主动作为，以风险管控的安全管理和拟真流程执行为切入点，逆向总结实战经验

创建基于风险的安全生产管控体系。围绕"基于风险的安全管理"思路，以安全生产标准化为主线，过程安全管理为重点，将安全生产标准化体系、安全文化管控体系和过程安全管理各要素进行有效融合，搭建形成包含18个A级要素、98个B级要素的具有北元特色的安全生产管控体系。精准管控现场危险性作业。组织学习《危险化学品企业特殊作业安全规范》（GB 30871—2022），开展监护人员专项培训，对危险性作业监护人和审批人员进行了理论测评，常态化开展反"三违"攻坚，提升公司危险性作业管理水平。每月对危险性作业进行统计、分析，落实管控措施，从源头上减少危险性作业数量。创新开展事故模拟调查。邀请行业内知名专家，根据河北盛华"11·28"事故、内蒙古东兴化工"4·24"等氯碱行业典型事故，开展事故模拟调查，通报事故模拟调查结果并模拟追责，把安全红线意识和底线思维贯彻到底。提升应急消防救援能力。实现消防安全标准化管理体系专业流程化管控，加大消防安全资金投入，完成消防管网、消防设施、消防器材改造和更换及生产厂区钢结构喷涂防火涂料工作，完成氯乙烯球罐区自动智能消防水炮技改。制作消防水池数字化模型，将现场消防报警控制柜信号和气体报警仪二级报警信号引入消防控制室，实现24小时监控，根据《危险化学品单位应急救援物资配备要求》开展应急物资调研、辨识和评估，配备应急救援物资，下发《异常工况应急授权管理规定（试行）》，组织签订岗位应急授权书。

（五）抓好人、事、物管理，为安全生产构筑多层保障

安全生产，理念先行，只有在头脑里形成并不断强化安全意识、底线思维，才能从根本上确保安全生产。建设全国安全文化示范企业。以"人本＋物本＋科学管理＝本质安全"为顶层设计理念，按照"文化引领、专业支撑、风险管控、常态保障"的建设思路，通过理念、制度、行为、物质文化建设，安全领导力的有效发挥和员工参与，形成一套有效的安全生产管理思维模式和行为模式，现场安全物质环境发生了明显变化，事故总量显著下降。

扎实开展安全生产培训教育。公司定期组织业务主管及以上专职安全管理人员开展"北元集团安全主题论坛"，累计 3371 名人员参加。同时，邀请第三方机构开展风险分析师培训和 HAZOP、JHA、SCI、LOPA、FMEA、风险质量控制等风险技能培训，进一步提升了专职安全生产管理人员安全意识和业务技能。创建健康企业体系全方位保障职业人群健康。秉持"大卫生、大健康"理念，结合公司主体业务流程，确定健康企业体系所需的管理要素，按照 PDCA 循环和基于风险的思维，创建了以健全健康管理制度、建设健康环境、提供健康管理服务、营造健康文化等方面为主要内容的 10 个 A 级要素、40 个 B 级要素的健康企业体系，明确各要素的管理要求及评审标准，多角度、多维度保障劳动者身心健康，促进企业高质量发展。

从场地、设备两个方面着手，加强风险发生时的应对能力建设。一是配备抗爆庇护所。提升安全管理硬件设施水平，降低事故扩大风险，对风险隐患较大的 9 处值班室、休息室全部更换为抗爆庇护所。二是建立全生命周期的设备管理体系。规范特种设备基础资料管理，结合特种设备管理属性，对特种设备管理进行全面梳理，形成从规划选型、采购、到货验收、安装调试、试生产、注册

❖ 安全环保检查

登记、检验、维护保养直至报废的全生命周期管理流程及标准。通过对 MES 系统特种设备信息、到检预警等进行信息化管控，形成特种设备全生命周期管理体系。三是防范"两重点一重大"安全风险。坚持以风险管理为核心，以问题为导向，梳理了影响安全生产的 5 项重大难题，成立工作专班，制定整改方案，按计划落实整改。组织开展了液化烃氯乙烯和液氯储存区、老旧装置、重大事故隐患等安全风险专项治理。

二、着力人员身心安全、生态环境友好，统筹推进环保工作

做好环境保护工作，是坚持绿水青山就是金山银山理念的生动

实践，是投身促进生态文明建设这个关系中华民族永续发展根本大计的根本落实。党的十八大以来，北元集团以习近平新时代中国特色社会主义思想特别是习近平生态文明思想为指导，注重统筹企业生产运转、环境保护、员工身心健康，全面提质增速，以切实行动完成一个传统化工企业向新型生态环境企业的转型。

（一）全面夯实环境保护主体责任

首先，抓好制度建设，制定了《环境保护管理办法》《环境保护责任制管理办法》《大气污染防治管理办法》《水污染防治管理办法》《环保风险抵押管理办法》等 24 项环保管理制度，为环保工作设置标准，定好规矩。公司每年按照安全生产 1 号文件的要求，编制年度环境保护工作计划和环境保护管控体系实施方案，制定环保基础管理考核标准，明确全年环保工作目标及重点工作，按计划推进。其次，压紧压实责任，建立工作机制。组织各单位各层级人员逐层逐级签订环保目标责任状，层层落实环保责任。每月召开安全生产调度例会、每季度召开环境保护委员会会议，研究解决环保方面存在的问题，提升环保管理水平。最后，加强地方与企业之间的紧密联系，提高站位，把安全生产、环保履责不仅作为企业自身的任务，更是履行企业社会责任的强烈自觉。公司编制《突发环境事件应急预案》并每年开展环境应急演练，筑牢安全环保防线。最后公司组织开展综合性、季节性、环保设施、固体废物、水污染、排污许可管理及大气污染等专项环境风险隐患排查，查出问题隐患，并落实整改。

（二）加强环境管控体系建设

为环保工作开展提供机制和抓手，结合公司环保管理特点，创建了包含 12 个 A 级要素、43 个 B 级要素的环境管控体系，并在各所属单位推广运行，每季度开展环境管控体系建设交流会、评审会，推进环保管理规范化。加强环保基础管理建设，一是每年制定环保监测方案，按照方案开展环保监测，并开展挥发性有机物泄漏检测与修复工作；二是邀请外部专家对公司环保管理及环保设施运行安全管理进行专项诊断；三是完善环保"一企一档"相关资料，实现信息化和电子化管理，为环保规范化管理提供信息保障。

推进环保"三废"专项治理。公司大力推进固废综合利用，一般固体废物通过水泥装置制造水泥，利用率达到 90% 以上，危险废物产生量最大的废硫酸通过硫酸裂解装置全部回收利用，其余危险废物全部办理转移手续，合法合规处置。规范环保设施基础管理，公司按照相关标准和要求，先后完成了热电装置超低排放改造，化工装置完成了 VOCs 治理改造，水泥装置完成了环保绩效达标改造，并顺利通过了环保绩效 A 级评审。

（三）加强职业健康监测，预防职业病危害

全力提升企业重点人群的职业健康意识、职业防护基本技能等职业健康素养和职业健康意识。以人员职业健康为目标，强化职业危害源头治理。开展了特种劳动防护用品内外部调研，完成 2023 年度职业健康法律法规符合性评价，修订了《特种劳动防护用品管理办法》，按标准配发劳动防护用品。完成水泥一线小磨房噪声、锦源化工碳化 1# 上煤皮带粉尘治理等 3 处职业病危害治理。开展 255 名接触氯乙烯人员岗中体检，67 人进行转岗体检，88 人进行离岗体检，督促责任单位对职业禁忌人员进行调岗。引领提升员工健康意识。梳理下发《2023 年环境保护典型案例警示教育（一）》，组织开展环保典型案例警示教育，以及"6·5"环境日、环保专题

培训、第二届环保"公众开放日"等活动，提升全员生态环境保护意识。按照国家卫生健康委办公厅发布的《关于进一步加强用人单位职业健康培训工作的通知》，制订公司2023年职业健康培训计划，按计划开展健康培训。梳理明确了公司161个严重职业病危害作业岗位，组织严重职业病危害岗位人员开展了专项培训。开展以"改善工作环境和条件，保护劳动者身心健康"为主题的《职业病防治法》宣传周活动，组织主要负责人和专职职业卫生管理人员进行职业健康知识培训，5人取得中国职业安全健康协会颁发的注册职业卫生师证书。

❖4×125兆瓦发电装置

以企业健康管理体系建设为抓手，修订完成健康企业体系评审标准，完善健康企业体系管理档案，指导建立了心理咨询室、母婴关爱室等健康服务场所，完成了健康企业体系现场评估诊断。参考《国家职业病防治规划（2021—2025年）》，结合公司实际，通过内外部调研，编制了职业健康数智化建设需求方案，构建职业健康安全生产基础信息数据库框架。先后荣获榆林市、陕西省"2022年健康企业建设示范单位"称号。

三、贯彻绿色发展，培育积蓄新质生产力

绿色发展是高质量发展的底色，担当全面建设社会主义现代化国家这个首要任务，必须完整准确全面贯彻新发展理念，加快形成新质生产力。党的十八大以来，北元集团在绿色发展、环保履责上不断加大力度，以制度建设为发展提供遵循和逻辑，在具体实施上发力循环经济建设，通过绿色循环、节能环保落实开源节流的发展思路，以系统观念统筹产品、项目、生产流程和减排指标，并以积极实施科技创新、落实国家"双碳"目标、探索未来发展方向来落实绿色发展。

（一）构建绿色环保发展的"四梁八柱"，形成发展管理机制

北元集团加强工作针对性，一是建立制度、明确责任。出台《能源管理办法》和《碳排放管理办法（试行）》，《能源管理办法》对能源购入、贮存、使用及数据的统计与分析进行了规范，通过过程监督提高能源利用率。《碳排放管理办法（试行）》规范了碳排放数据、履约、控制管理，碳排放指标交易和碳资产保值增值管理，提升了全生命周期的碳足迹管理。以此为依据，还建立起"能源管

理体系"和"碳排放管理体系",编制《能源管理手册》和《碳排放管理手册》,配套发布了体系程序文件,对体系中文件控制和记录控制,监视和测量装置的购买、使用,能源评审、绩效参数设定和测量,新改扩建设备设施的设计控制、能源统计等多方面管理制定了管理程序。建立节能减碳目标责任制,每年制定下发《节能减排工作计划》《节能降碳工作实施方案》,明确能源消费总量、碳排放总量等节能降碳目标,分解下发至各分、子公司、装置。通过月度、季度考核的方式,对总量和强度目标完成情况进行奖惩;下达年度节能降碳重点工作任务,明确责任人和工作标准,实时跟踪工作效果。

二是组建专职管理队伍。建立健全管理机构和管理队伍,成立了节能减排工作领导小组,聘任能源管理负责人和专职管理人员。北元集团依据《碳排放权交易管理办法(试行)》《中央企业节约能源与生态环境保护监督管理办法》等法规,持续做好公司碳排放管理工作,落实节能降碳和履约责任,成立了以董事长为组长的碳排放管理领导小组及监督管理机构,聘任分管生产的副总经理为公司能源管理负责人,聘任一批专职能源管理人员和碳排放管理人员。专职能源管理人员主要负责制定公司能源管理相关制度,建立并落实节能目标责任制;编制并推进能源需求计划等实施与考核;编写公司能源利用状况报告,对公司用能状况进行分析、评价,提出节能工作的改进措施并组织实施;促进节能技术创新和应用;定期开展节能咨询评估、能源审计认证等工作。专职碳排放管理人员分别为碳排放核算员、监测员、核查员、交易员、咨询员。分别负责测算公司直接或间接排放的二氧化碳量,制订碳排放数据质量控制计划并开展监测活动,对温室气体排放量和相关信息进行全面核实、查证,研究分析碳市场运行走势、制定碳排放履约和碳指标交易方案，制定公司实现"双碳"目标的战略工作规划、研判碳排放发展趋势等工作。

三是积极参与行业绿色低碳标准编制工作，已完成《氯碱行业离子膜法电解工艺碳排放核算要求》《氯碱行业环境保护绩效分级及减排措施技术指南》《烧碱、聚氯乙烯行业清洁生产评价指标体系》《烧碱企业能效评价技术规范》《低碳经济企业评价导则》《工业零碳工厂评价通则》和《绿色低碳产品评价通则》7项标准的编制，在全方位全过程推行绿色规划、绿色设计、绿色建设和绿色生产方面有了新思路。

（二）统筹生产运营、节能减排，发展循环经济

北元集团坚持开源节流的理念，高度契合循环经济的运行状态，通过对生产过程中产生的过剩热能等能源的再利用、"三废"专项治理，在分子公司、集团运行循环经济，主动融入所在园区的大循环，持续巩固和发挥这一传统优势。一是在子公司锦源化工有限公司内部实现循环经济产业链小循环。锦源化工有限公司建成并运行50万吨/年电石装置及配套2×25兆瓦余热发电机组、50万吨/年白灰以及兰炭装置，兰炭装置生产的兰炭作为电石装置的原料，伴生的煤气用于白灰装置热源或余热机组发电；白灰装置生产的白灰作为电石装置的原料，白灰与兰炭结合生产电石供聚氯乙烯装置使用，电石炉伴生的煤气供余热机组发电，主要用于电石装置。另外，电石装置产生的散点除尘灰用于热电装置脱硫或水泥装置生产水泥，净化除尘灰回收用于沸腾炉燃烧，沸腾炉产生的焚烧渣用于水泥装置生产水泥，实现工业废渣的循环利用，固废利用率达到95%。这样不仅节约了固废处置成本，而且每年节约标准煤约5000吨。二是北元集团内部以聚氯乙烯装置为核心，集电力、水

泥、电石、采卤等装置于一体形成了循环经济大循环。采卤装置为氯碱装置提供盐水，热电装置为化工装置和水泥装置提供电力和蒸汽，电石装置为聚氯乙烯装置提供电石。水泥装置利用电石泥废渣、炉渣及粉煤灰、脱硫石膏等生产水泥，同时设置余热锅炉生产蒸汽供聚氯乙烯装置使用。聚氯乙烯装置产生的母液水经过深度处理回用于制纯水，生产污水经过处理回用于乙炔发生装置，热电装置产生的煤水、中和水回用于采卤装置采集卤水。生产全过程基本没有废弃物排出，资源在生产全过程得到高效利用，形成了一个生态产业链条。三是在园区循环链中，北元集团使用其他工厂产生的蒸汽用于 10 万吨 / 年聚氯乙烯装置；使用神木化工多余氮气，解决氮气不足问题；利用输煤廊道从煤矿向自身供煤，通过地下管网收集矿井疏干水使用。通过循环经济产业链的实施，园区内物料得到综合利用。

❖ 聚氯乙烯包装生产线

（三）开展新技术应用、设备改造和更新迭代

对汽轮机进行通流改造，年节能量约 4.24 万吨标准煤，减排二氧化碳约 11 万吨。将循环流化床锅炉由燃煤锅炉改造为纯燃气锅炉，提高了燃烧效率，年节能量约 5.47 万吨标准煤，减排二氧化碳约 14 万吨。完成各循环水系统的整体优化设计和改造，合理控制水量的分配，降低能耗，提高水泵及冷却塔运行效率，年节电 1955 万千瓦时，节能量约 0.24 万吨标准煤，减排二氧化碳约 1.1 万吨。对 90 台高低压风机、泵类负荷通过采用变频闭环控制电机进行节电改造，使未达到满负荷运行的电动机降频率、降功率运行，年节能量约 0.42 万吨标准煤，减排二氧化碳约 2 万吨。回收除氧器、疏水扩容器产生的低位热能蒸汽，年节能量约 3350 吨标准煤，减排二氧化碳约 9240 吨，还可降低除氧器溶解氧、降低噪声。对合成、精馏及聚

❖ 聚氯乙烯成品库房

合一条生产线进行无汞化改造，彻底解决电石法聚氯乙烯生产中的汞污染问题，副产蒸汽全部回收利用后每年可节约标准煤约 1.78 万吨，实现企业绿色生产。将副产对空排放的蒸汽合成炉改造为中压蒸汽二合一氯化氢全石墨合成炉，实现蒸汽全部有效利用，热效率超 90%，年节能量 0.92 万吨标准煤，减排二氧化碳约 2.9 万吨，改造后现场可无人值守，降低了氯化氢泄漏风险。应用新型离子膜节能技术，年可节约标准煤约 500 吨。建设并投用解析气氢气回收利用装置，可达到回收氢气 467 立方米 / 小时的效果，同时项目设计余热锅炉产生蒸汽并入中压蒸汽管网使用，两项合计年节约标准煤4463 吨。依托现有变配电所、控制室及公用工程建设烟气制碳酸钠装置，使用自研技术达到碳酸钠溶液 4 万吨 / 年制备能力，年可消减二氧化碳 1.67 万吨，同时降低烧碱产品购买和运输成本。建设水泥余热回收利用装置，每年可外供蒸汽约 18.0 万吨，每年可节约标准煤 1.7 万吨。建设母液水深度处理装置，可将生产废水回用于乙炔发生装置，实现了公司生产废水的近零排放。对部分生产项目、设备进行自动化、智能化改造，实施密闭电石炉智能冶炼生产项目、热电智能云项目、离子膜电解槽自动检测评估项目，通过工业互联网平台的运用、生产数据实时采集，不断优化生产过程中的物料、能源分配，实现年节能量总计 1.82 万吨标准煤。辨识淘汰低能效设备。对高耗能设备全面进行辨识和淘汰，同时对能效等级低于 3 级的耗能设备进行更新改造，累计完成 800 余台耗能设备的更换，年节电约 600 万千瓦时，年节能量 730 吨标准煤，减排二氧化碳约 0.3 万吨。

（四）以"新能源＋储能＋二氧化碳消减＋化工"作为转型升级新路径，全力构建全流程智能制造、绿色低碳的现代产业体系

一是发展光伏项目。投资约 15 亿元新建 300 兆瓦光伏发电装置和 10.95 兆瓦分布式太阳能发电装置，年节能量 4 万吨标准煤，减排二氧化碳约 27.9 万吨。二是深层盐穴压缩空气储能。利用 10 多年采盐形成的 545 万立方米地下岩盐溶腔建设新型压缩空气储能项目，布局节能降耗减碳运行新模式。三是研究实施煤化工废水制氢及综合利用项目，构成新能源与高耗能产业一体化集成系统，有效解决现有技术中新能源电力灵活性不足以及高耗能产业受限的问题。四是以活性纳米碳酸钙资源综合利用为目标，建设 20 万吨 / 年活性纳米碳酸钙生产线、500 吨 / 年电石渣制纳米碳酸钙中试研发装置，实现实验室技术的规模化应用、人才培养培训，以及新产品的持续开发。五是开发二氧化碳回收利用项目。项目利用现有热电装置锅炉烟气，经过降温除尘后采用变压吸附法、吸附精馏法将二氧化碳、氮气提纯到 99.9% 以上，更大限度利用了原料资源和能源。

北元集团凭借资源、规模、循环产业链、区位、体制与品牌优势，培育积蓄了具有自身特色的发展动力。聚焦企业生产，北元形成了安全是基础、环保是保障、绿色是趋势的发展观念，通过一系列的实践，同步实现了为国家发展贡献力量、履行企业社会责任和提升自身发展效能。面对新的发展环境，北元将继续夯实安全基础、提升绿色发展水平，融入全面建设社会主义现代化国家的发展大局，作出北元贡献。

以"科技创新"深度融合
促进企业高质量发展

习近平总书记在党的二十大报告中强调:"必须坚持科技是第一生产力、人才是第一资源、创新是第一动力,深入实施科教兴国战略、人才强国战略、创新驱动发展战略,开辟发展新领域新赛道,不断塑造发展新动能新优势。"2023年年底的中央经济工作会议定调2024年经济工作,将发展新质生产力、"以科技创新引领现代化产业体系建设"列为9项重点任务之首,并提出"以颠覆性技术和前沿技术催生新产业、新模式、新动能"。所有这些,都对以"科技创新"深度融合促进企业高质量发展提出了更高的要求。北元集团坚持以习近平新时代中国特色社会主义思想为指导,在陕煤集团和北元集团党委的坚强领导下,攻坚克难、主动作为,认真践行创新驱动发展战略,贯彻落实党中央、省市、陕煤集团科技创新工作要求,凝心聚力、守正创新,在知识产权、科研项目、科技成果、科技信息管理,体制机制优化等方面的管理有显著进步,科技创新综合竞争力得到显著提升,多项创新成果取得骄人成绩,为企业高质量发展赋能。

一、基本情况篇

以党建引领科技创新，组建科技研发中心，成立党员攻关队，瞄准世界科技前沿，聚焦重大技术攻关，加快推进"产学研用"深度融合。科技研发中心成立于 2018 年 6 月，下设 4 个业务模块，分别为综合管理模块、研发管理模块、设计管理模块、分析管理模块。科技研发中心现有员工 27 人，本科及以上学历占比 100%，直接参与科技创新项目建设的员工每年 400 余人（项目组成员），为公司高质量发展提供了人才孕育摇篮。公司为确保科技创新工作顺利开展，建立了《科技创新成果管理办法》等基本制度，为公司安全生产经营和产业转型升级提供强有力的科技支撑。

（一）发展历程

回顾科技创新工作发展历程，科技研发中心是集团中心之一，其前身是科研中心，公司于 2018 年 6 月成立科技研发中心，重点对专业技术问题进行论证和研究，科技工作实现了质的飞跃，公司坚持创新驱动发展，坚持技术带动产业，加快创新成果转化，全面推动转型升级。

（二）机构职责

按照公司整体发展要求，科技研发中心下设 4 个业务模块，分别为综合管理模块、研发管理模块、设计管理模块、分析管理模块，组织实施公司科技攻关战略研究和方向制定，新产品、新技术研发试验，申报专利以及技术交流等，不断攻克制约公司产业发展的重大问题。其中，综合管理模块负责公司科技创新工作发展的整体规划，制定公司科技创新工作管理制度规范，组织开展科技创新项目管理、科技成果管理、科技信息管理、知识产权管理等相关业务工作的落实；研发管理模块负责建立健全研发管理体系，组织自主研发或外部引进新技术、新工艺、新产品的实施，确保技术研发支撑公司发展规划；设计管理模块负责项目工艺包设计、工程转化、新技术新产品新工艺引进及论证，研究解决生产疑难瓶颈问题；分析管理模块负责规划并建设研发实验平台，强化合作及技术引进机制，重点开展分析方法技术开发验证，确保公司技术有效支撑产品研发。

（三）人才队伍

科技人才是提升企业核心竞争力的战略资源和实现企业跨越式发展的关键因素，也是企业发展最重要的资源。企业的竞争，说到底也是人才的竞争，人力资源的竞争，人力资本的竞争。公司科技创新工作整体由集团公司总工程师负责。科技研发中心现有员工 27人，其中硕士研究生学历 4 人，本科学历 23 人（正高级工程师 1 人、高级工程师 5 人、工程师 14 人），本科及以上学历占比 100%。除本中心以外，公司内部共设有科技创新工作专（兼）职管理人员 17人，分布于各职能部门、中心及分、子公司；为了不断壮大公司综合实力，积极组织开展项目建设工作，目前直接参与科技创新项目建设的员工每年 400 余人（项目组成员），为公司高质量发展提供了人才孕育摇篮。

（四）制度建设

企业有没有竞争力，制度起着至关重要的作用。制度好，企业就有了向好发展的制度保障。为确保公司科技创新工作的顺利开展，不断完善体制机制，公司先后建立了《科技创新成果管理办法》《科技创新项目管理办法》《知识产权管理办法》等基本制度，并衍生各类管理细则与规范，包括"项目制＋薪酬制"管理、专利评审管理、科技信息管理等重点推进的配套制度规定等，不断壮大了科技创新管理体系建设工作，为企业高质量发展贡献了科技力量。

二、创新发展篇

在当前竞争激烈的市场环境下，知识产权与科技创新管理已成为企业获得竞争优势的重要手段和途径。在知识产权管理方面，公司建立健全知识产权管理机制，全力挖掘维护公司知识产权，积极开展知识产权学习活动。在科技创新项目管理方面，自 2018 年至今，公司批准立项科技创新项目共计 303 项，科技研发投入累计达到 5.8 亿元，多项科技创新成果实现转化落地，为公司生产经营和战略发展提供了有效支撑。在科技信息管理方面，公司完善科技信息管理机制，定期编发科技信息专题分析报告，搭建科技信息资源平台和研发平台，有效提升了企业竞争力和综合实力。

（一）知识产权管理方面

在企业发展战略中，知识产权战略是其重要的组成部分。可以说，保护知识产权就是保护和发展生产力，就是保护和发展企业的竞争力。在市场经济的大背景下，如何保护好知识产权，对企业发展至关重要。企业需要不断创造知识产权，才能促进持续创新；需要灵活运用知识产权，才能巩固企业市场竞争地位；需要全面保护知识产权，才能支撑企业持续发展；需要系统管理知识产权，才能提升企业核心竞争力。持续提升知识产权挖掘、布局、保护、运用能力，将知识产权管理工作作为公司重点工作来抓，是公司战略发展的必然途径。

1. 建立健全知识产权管理机制。建立和完善保护知识产权的体制和机制，对于企业发展至关重要。为顺应公司发展需要，根据知识产权管理工作运行情况，及时组织编写修订公司《知识产权管理办法》，优化调整相关工作要求标准，指导知识产权管理工作更加规范化开展；制定知识产权工作规划与目标，持续跟进重点工作进程，确保各项工作有跟踪有检查有落实；设置知识产权管理专职岗位，负责牵头组织落实公司各项知识产权管理工作的规范高效开展。

公司每年开展知识产权管理体系审核工作，通过持续整改过程管理中存在的问题，督促体系建设持续优化改进；2015 年 11 月，北元集团开展《企业知识产权管理规范》体系贯标工作，确定"技术创新、产品创优、有效管控、持续发展"的管理方针，对科技研发进行规范，使知识产权工作贯穿生产、研发、采购及销售的全过程；2016 年 10 月，北元集团取得中规（北京）认证有限公司颁发的《知识产权管理体系认证证书》，成为榆林市首家通过国家知识产权管理体系认证的企业；2019 年，公司获批国家知识产权优势企业，陕西省知识产权示范企业；2023 年，公司获批国家知识产权示范企业，成为榆林市首家获批的企业。公司与西安居正知识产权运营管理有限公司签订知识产权管理体系建设服务合同，指导修订体系运行文件，并对体系建设提供技术咨询服务。

2. 全力挖掘维护公司知识产权。能不能正确认识知识产权的重要性，很大程度上决定了能不能采取有效行动，来保护和挖掘维护公司的知识产权。建立健全专利管理流程，公司拟申报专利全部在ERP 系统中进行申报与初步审核，经初步审核通过的专利统一组织召开公司专利评审会，经与会专家一致审核通过后方可对外申请专利，确保公司核心技术秘密保护方式的正确选择（公开或保密），同时有效提升了公司专利质量。

优化专利挖掘管理机制，以公司科技创新项目为中心，通过完善项目管理的立项结题工作，对可产出知识产权成果的项目优先予以立项，设立科技创新项目成果验收知识产权成果加分机制，有效促进项目知识产权成果的挖掘工作有效开展；编发专利分级分类管理规定，从专利申报环节到专利的申请维护，根据专利的级别，有重点有选择地开展相关工作，定期组织开展专利评估工作，有效节约专利管理的经济成本与时间成本。2018 年，北元集团的专利"一种合成氯乙烯用的低汞触媒"获第十八届中国专利优秀奖；2021 年 5 月 13 日，"合成氯乙烯金基无汞催化剂的研发与工业应用"荣获天津市科学技术奖技术发明一等奖；"煤—兰炭—电石—聚氯乙烯产业链及园区示范"荣获陕西省煤炭工业科学技术特等奖。2022 年，公司科技成果"兰炭聚氯乙烯规模化联产关键技术与应用"荣获陕西省科学技术进步奖二等奖。各项优秀科技成果正在为北元集团的绿色、生态、循环产业链发展带来更多养分和力量。

3. 积极开展知识产权学习活动。保护和挖掘公司的知识产权，不仅仅是管理部门的工作，也是全体企业员工共同的事业，应当让所有员工有这方面的意识和责任心。为提升企业知识产权维权意识，提高企业员工撰写专利申请资料的能力，公司每年积极参加行业政府知识产权管理相关学习与技术交流活动；每季度组织公司全员开展知识产权专项培训学习，以技术序列人员为主要载体，培训内容含专利撰写与挖掘、专利检索、论文撰写、知识产权管理体系建设等，不断提升全员知识产权认知与管理水平；建立科技图书室，公司科技图书室图书种类涵盖综合类、火电类、建材类、化工类、安全环保类、实验类、工程类、机械设备类八大类，现有藏书1200余册，能满足广大职工学习与查阅等需求，且根据职工实际需求定期采购新书。按季度编发《创客空间》内刊，内容包含创客光影、我爱发明、工厂地标、行业技术、科技之窗等板块，对职工优秀科技成果、职工技术队伍建设、行业先进资讯等在公司内部进行滚动式宣传与推广，拉近了职工与技术之间的距离；公司购买文献技术数据库如知网、智慧芽，通过对数据分析专业工具的应用学习，针对行业内技术先进的竞争对手等企业的最新技术、专利布局等情况进行分析，形成知识产权竞争对手分析报告供技术管理人员参考学习，为公司发展做出策划和建议，促进公司结构调整、转型升级。

为进一步强化科技创新管理体系建设，提升公司科技人才队伍建设水平，积极营造职工科技创新氛围，创建"科技创新积分制管理体系"，从知识产权获取、科技成果荣誉、科技工作突出贡献等方面对在职正式员工定期积分排名，积分情况作为公司科技工作评优的主要条件，激励职工科技创新热情，有效提升对科技工作的重视程度；每年组织专家组对知识产权成果，如专利、著作、标准等进行评审奖励，及时肯定职工知识产权成果；打造职工创新工作室和科技成果展厅，以员工名字命名，如熊磊、辛波、曾宪军创客工作室，其中，公司员工辛波被评为"陕西省国资委青年岗位能手"、熊磊被评为"陕煤集团十大杰出青年"，选树科技创新人物典型，为广大职工提供了技术孵化、成果培育的专用场所；牵头在各分子公司建立科技成果展厅，将优秀职工成果做成模型集中展出，定期组织员工参观展览；每年积极组织开展丰富的科技之春宣传月系列活动，主要有世界知识产权宣传日、知识产权漫画征集、知识产权法律法规知识科普宣讲、北元专利代理人资格考试、知识产权培训考试、职工创新大赛、职工成果展、知识产权系列报告、合理化建议征集工作、知识产权知识竞赛等，营造出浓厚的科技创新氛围。

（二）科技创新项目管理方面

近年来，北元集团以习近平新时代中国特色社会主义思想为指导，满足国家产业发展和科技政策要求，符合公司产业发展战略和技术发展方向，瞄准最急迫攻关的核心技术，强化科技创新与生产经营、创新成果与产业发展的有机衔接，以实现公司产业转型升级以及经营管理提质换挡为目标，全面开展科技研发工作。

党的二十大报告强调，"培育创新文化，弘扬科学家精神，涵养优良学风，营造创新氛围"。北元集团始终坚持弘扬科学家精神，扎扎实实推进科技创新，建立健全责任制，确保科研项目取得成效。创新科技创新项目管理模式，优化科技创新项目管理机制。下发了《项目制＋薪酬制管理》《科技创新项目分级分类管理办法》，修订了《科技创新项目管理办法》，成立科技管理小组并下设"三委会"（科学技术委员会、专家咨询委员会、科技评审委员会），规范项目管理程序，提高管理效率，确保科技创新工作的顺利开展。北元集团通过与科技创新项目负责人签订项目责任状，夯实项目组主体责任，提升项目管理管控能力。制定项目立项评审标准，严格审核项目预算，严把项目质量关，提升立项严谨性和质量；推行科技创新项目任务书评审机制，提高项目计划编制质量，确保项目实施过程的有序推进；制定项目验收标准，通过现场验收和综合绩效评价相结合，提升项目验收质量。定期开展科技创新项目管理及考核激励等制度的宣贯培训，有效提升了科技创新项目管理水平。同时，北元集团把提高研发经费投入强度作为科技创新工作的硬指标，规范项目组成员工时计提，强化科技创新预算决算审核力度，确保研发经费支出归集准确规范。

北元集团立足安全生产经营和产业转型升级发展，相继开发了一批关键技术，解决了一批安全生产问题，形成一批科技创新成果，尽全力提升生产系统运行率，挖掘生产系统"潜能"，有效支持了生产系统"安、稳、长、满、优"运行。

化工方面，坚持科技创新，大力实施环保治理，推动生态文明建设，在绿色高质量发展的道路上稳步前行。一是聚焦自动化提升，实施了一批自动化改造项目。电石料仓乙炔气在线监测技术、盐水系统在线分析技术、湿法乙炔发生器自动控制技术等项目，大幅度降低了岗位人员的劳动强度；PVC干燥D线自动控制技术提高了干燥床运行稳定性，有效降低了蒸汽消耗。二是瞄定产业链优化，攻关了一批生产系统瓶颈问题。VCM精馏尾冷自动切换技术解决了尾冷器长期以来的结冰、堵塞问题；氟塑料输送泵机封泄漏问题研究解决了机封频繁泄漏问题；VCM合成转化器泄漏检测技术提升了转化器泄漏风险防范能力；盐泥注井技术减少了盐泥外运处置量，减少了固废处置费用。三是围绕产品质量提升，解决了一批树脂质量制约问题。树脂筛后料原因分析、母液质量对树脂"鱼眼"影响研究、蒸汽冷凝水除铁技术研究等，有效提高了PVC树脂产品的质量，目前已能够生产42种PVC树脂，勇立市场需求潮头。

电力方面，坚持"精心管理、控制过程、注重结果、追求安全"管理思路，生产运行，电力先行。一是推进智能变电站建设，35千伏智能变电站一体化监控系统实现了35千伏开关柜内部元件24小时在线监测和视频监视功能，提高了35千伏系统供电稳定性；无人值守变电站的应用，实现了远程常规倒闸操作，对高压柜内关键部位运行情况实现可视化管理，确保操作人员的人身安全。二是推进电力系统安全稳定性建设，完成主变低压 10 千伏侧近区相间短路故障防控技术研究，避免了故障电流烧毁关键设备而引起系统电压波动，提高了供电系统稳定性；抽屉式低压开关柜防短路电流穿越技术使得短路电流不能穿越到母线，避免了短路电流导致的变压器跳停，提升供电系统的稳定性。

建材方面，践行"低碳生产、高效利用、源头管控、综合治理"的发展理念。一是推动新技术节支创效，风悬浮风机技术应用，实现了现场降噪、系统提效的效果；新型耐火材料、耐热件在熟料烧成系统的应用，减少了回转窑检修频次，提高了系统连续稳定运行能力。二是推进产品质量提升，不同品种混合材对水泥干缩性的影响研究，得出不同种类、不同掺量混合材对干缩率的影响，改善了水泥干缩率配比；DOE 实验设计在水泥配料中的应用研究，

❖ 220 万吨／年水泥生产装置

实现了对混合材炉渣、粉煤灰、锰渣、镁渣等混合配备进行优化；电石渣水泥质量指标的优化研究，提升了水泥抗干缩性能。

电石方面，锚定"双碳"目标，坚持绿色低碳高质量和多元融合发展思路。一是聚焦生产瓶颈解决，电石净化布袋烟气检漏技术研究，实现了实时监测除尘器运行情况，提高了检修效率，降低了劳动强度。电石炉净化装置料仓料位仪的应用研究，实现了高低料位与卸料操作的自动连锁。二是聚焦自动化提产增效，电石炉料面自动处理机器人试验机已实现整机连续运行，测试机完成部分功能测试。电石炉智能冶炼技术可提升产能 9% 以上，同时降低生产能耗 3.6%，节支创效效果显著。

习近平总书记指出，"进入 21 世纪以来，全球科技创新进入空前密集活跃的时期，新一轮科技革命和产业变革正在重构全球创新版图、重塑全球经济结构"。在这个重大历史变革期，基础化工企业既面临着巨大严峻挑战，又面临着千载难逢的历史机遇。北元集团加快布局新材料、新能源领域，持续加大科技研发投入，依托产业融合，大力构建新型竞争力模式，降低生命周期碳排放，为企业高质量发展提供新动力。

新产品开发方面，坚持差异化、高端化、专用化发展战略，逐步建立以市场需求为导向的研发策略，打造具有北元特色的产品序列体系，提升产品市场竞争力。一是聚氯乙烯树脂新品开发，电缆、高低聚合度、氯醋、消光和高抗冲等专用料全部投向市场，公司树脂产品增加到 42 种，居行业前列。二是无机非材料开发，工业废渣制化学激发材料强度达到 32.5 兆帕，导热水泥导热性达到 1.5 瓦 / 米·度，电石渣制轻质碳酸钙产品达到微粉轻质碳酸钙标准，实现产品多元化、系列化、特色化发展。

新技术开发方面，坚持推进产业链优化升级，加大现有产业链关键环节节能升级改造和新技术引进、挖掘工作力度。通过能效提升、过程优化、资源高效利用等手段，提升能源、资源利用率，达到减碳降碳目的。一是金基无汞催化剂及配套工艺进入 10 万吨级以上规模工业化推广阶段，万吨级试验装置金基无汞催化剂运行寿命已经达到 2 万小时，催化剂性能稳定，转化率和选择性达到行业先进水平，无汞工艺较低汞工艺每吨聚氯乙烯产品减排二氧化碳 124 千克。二是烟气与烧碱制备碳酸钠生产技术工艺包设计及工程转化完成，项目年可减排二氧化碳 1.67 万吨。三是固碱自动化包装机下线运行，月产能稳定达到 2000 吨以上，大大降低了人员劳动强度。四是煤化工废盐回用电解工艺技术小试研究完成，进入万吨级工艺包设计阶段。五是"清洁能源＋质子膜电解水"制氢技术路线研究完成，进入工程转化阶段。

新产业布局方面，坚持推进绿色转型升级，围绕榆林地区周边资源特点，以盐化工、煤化工为中心，布局和研发耗氯产品和精细化工产品，延伸和丰富氯碱产业链产品结构。一是 12 万吨／年甘氨酸项目完成节能报告评审、安全预评价等手续办理，部分设备开始招标，项目建成后将成为国内首家实现大型、连续、自动化生产的甘氨酸企业。二是 300 兆瓦光伏发电项目完成可研、备案、环评等手续办理，该项目的建成将填补新建产业链用能需求，推动公司进军新能源发电领域。三是 10.95 兆瓦分布式光伏发电项目全部建成投运，有效补充了现有产业用能短缺需求。四是深层盐穴压缩空气储能项目地质评估完成，项目技术开发将实现可再生能源电力就地自我消纳，推动公司构建源网荷储一体化能源供应体系。

（三）科技信息管理方面

随着市场竞争的加剧和科技的快速发展，企业对于科技情报的需求和依赖程度越来越高。科技信息方面的竞争和科技信息方面的管理在现代企业中具有十分重要的意义。它不仅可以提供市场趋势、技术动态和竞争对手信息，为企业战略决策提供有力支持，还可以促进企业科技创新和发展，提高企业核心竞争力。通过科技情报，企业可以及时掌握行业发展动态，洞悉市场变化，避免陷入技术落后和市场困境。

1. 完善科技信息管理机制。"抓科技就是抓发展，谋创新就是谋未来。"建立健全的科技信息管理制度是实现高质量科技信息管理的基础。公司设置科技信息管理岗，由专人负责科技信息的管理工作；制定了《科技信息管理规定》，并在科技信息收集、整理、分析、存储和利用等方面进行了规范化要求，同时明确了相关岗位的职责和权限；通过在日常工作中加强对信息的收集、整理、分析和解读，确保了信息的真实性和可靠性，为公司战略决策提供可靠的技术支持与参考；积极参加科技信息管理业务方面的学习培训，不断提升专业知识技能和综合素质。

2. 定期编发科技信息专题分析报告。北元集团为加快定期发表科技信息专题报告，针对行业发展动态、市场行情、技术前沿、政策法规等内容，定期编发《科技信息月刊》，让北元集团各单位及时了解最新的科技动态与研究成果，不断提高科技信息在北元集团内部的流通利用率；定期编发《竞争对手知识产权分析报告》，深入了解竞争对手的科技实力、研究方向和市场策略，为企业制定合理的竞争策略提供重要参考，不断增强企业核心竞争力；定期编发《科技政策信息解读》，帮助科技工作人员更好地理解和掌握相关科技政策，使其更好地指导日常工作的开展，促进科技与经济的有效结合。

3. 搭建科技信息资源平台。市场竞争，情报先行，竞争情报是企业获得竞争优势的利器，是企业立于不败之地的重要内核。科技成果转化是一项系统工程，积极组织开展科技资源平台建设工作，重点将公司历年的专利商标、论文"五小"、科研项目、科技资讯、学术会议、科技荣誉等科技信息在公司内部信息库中定期上传，供全员学习查阅，促进内部信息的流通和协同创新，为科技成果转化工作提供技术来源与资料支撑；开通智慧芽专利检索平台，通过专业的专利检索分析平台，进一步协助科技工作相关人员获取利用有价值的科技信息，攻克技术难题，推动研究成果转化为生产力、产生经济效益，服务生产和企业发展。

（四）研发平台建设方面

北元集团以"省级企业技术中心"和"榆林市聚氯乙烯工程技术中心"为核心，致力打造"绿色、开放、共享"的高水平研发平台，为公司科技创新夯实了发展基础。一是科研楼实验室建设方面，配备了气质联用仪、离子色谱仪、全自动比表面分析仪等115台 / 套大小型仪器，资产总值达到1840万元，资源配置水平达到榆林市科研平台前列，满足了生产运行和技术研发的检测需求。建成具备水质监测分析、物料特性分析、物质成分检测、聚氯乙烯聚合实验及性能评价等功能的现代化检测平台。二是中试装置建设方面，甘氨酸中试装置为12万吨甘氨酸募投项目设计提供了技术支持。无汞催化剂中试及万吨级工业化试验平台，大大推动了电石法聚氯乙烯无汞化进程，真正走在了行业前列。三是获批榆林市聚氯乙烯绿色合成与应用重点实验室，围绕聚氯乙烯产品研发，下游PVC塑料加工及绿色合成相关领域开展研究工作。四是产学研合作方面，与天津大学、南开大学等国内知名高校合作完成高含盐废水的深度处理研究等课题，与科莱恩、庄信万丰等国际大型跨国公司建立了合作关系，瞄准现有产业链难题和未来战略发展需求开展技术攻关和研究工作。值得一提的是，煤—兰炭—电石—聚氯乙烯—园区示范经鉴定，成果属国内首创，被评为"2019 年中国产学研合作创新成果奖一等奖""第十届陕西省煤炭工业优秀科技成果特等奖"。

三、创新成果篇

近年来，北元集团以"以科技创新打造核心竞争力，努力实现企业转型升级发展"为总体目标，坚持创新驱动发展战略，深耕产业融合发展，积极构建"新能源＋基础化工＋精细化工＋绿色材料"的新型化工产业链，推动整个产业链绿色高质量发展。在体制机制优化、科研队伍培养、科研平台建设和科技成果创造方面有了显著进步，科技创新综合竞争力得到显著提升，多项创新成果取得骄人成绩，形成 42 种 PVC 产品、7 种无机产品和 9 种水泥产品，产品出口 80 余个国家和地区。

（一）建立健全科技创新成果管理制度

为了鼓励员工创新，加速成果转化，促进公司高质量发展，根据公司科技成果管理工作运行情况，组织制定了《科技创新成果管理办法》，规范了北元集团科技创新成果管理流程；建立健全科技创新成果申报评审奖励机制，加大对科技创新成果的奖励力度，每年组织专家组对科技创新成果，如项目、专利、论文、"五小"等进行专业评审并表彰奖励，近 3 年来公司用于评审奖励科技成果资金达 184.19 万元，充分调动了全员创新的积极性；同时这些科技成果在公司生产经营管理中发挥着重要作用，化解了生产难点，解决了生产瓶颈问题，改进了工艺流程，提高了生产效率和管理水平。

（二）创新成果增添发展动力

北元集团坚持创新驱动发展战略，各类创新成果竞相涌现，增添了发展动力。截至目前，北元集团荣获省部级科学技术奖2项（"兰炭聚氯乙烯规模化联产关键技术与应用"荣获陕西省科学技术进步奖二等奖；公司首次以第一完成单位获得省部级奖项，实现高水平成果"零"的突破）；荣获中国石油和化学工业联合会、中国化工企业管理联合会、中国设备管理协会、陕西省科学技术协会、陕西省化工学会、陕西省建筑材料联合会等行业协会科技创新类奖项80余项；荣获陕西省"三新三小"创新竞赛奖31项；低汞技术减排和无汞技术开发方面两项成果鉴定为国际领先水平，实现高水平成果"零"的突破；参与发布国家、行业、团体标准58项，注册商标85项，授权有效专利418项，其中发明专利12项，发表论文1100余篇；近年来连续获批国家高新技术企业。

（三）加强科技创新成果推广应用

北元集团坚持把科技创新作为引领发展的第一动力，依靠科技创新不断集聚新动能、持续释放新动力，深入推进关键技术自主创新和产业化运用。一是深入开展科技成果推广应用，将科技成果推广纳入每季度科技创新工作考核中，鼓励各单位积极开展新技术、新工艺、新设备技术成果的推广应用工作。二是充分利用外部科技平台（陕西省技术转移中心）对公司科技成果进行登记，为公司在科技创新成果认定、推广、转化以及申请国家各级部门和行业的政策扶持资金方面起到支撑作用。

（四）创新开展科技成果宣传活动

北元集团每年组织开展形式多样的科技创新活动，主要有职工优秀成果展、职工创新大赛、合理化建议征集、科学技术交流会、科技成果汇编等，充分调动员工的积极性和创造性；借助《创客空间》内刊等宣传载体对北元集团优秀专利成果、"五小"成果在集团内部宣传推广；打造科技成果展厅，将优秀职工成果做成模型集中展出，定期组织员工参观展厅，增强员工的荣誉感和自豪感，极大提升了全员的创新意识和创新积极性。

四、规划发展篇

科技创新是企业发展的基础，也是经济增长的主要动力。习近平总书记在党的二十大报告中强调："必须坚持科技是第一生产力、人才是第一资源、创新是第一动力，深入实施科教兴国战略、人才强国战略、创新驱动发展战略，开辟发展新领域新赛道，不断塑造发展新动能新优势。"中央经济工作会议定调2024年经济工作，将"以科技创新引领现代化产业体系建设"列为9项重点任务之首。会议紧扣高水平科技自立自强和加快建设现代化产业体系的核心问题，释放了以科技引领产业创新、以产业升级构筑竞争优势的鲜明信号。今后一个时期，北元集团科技创新工作总体指导思想：以习近平新时代中国特色社会主义思想为指导，全面贯彻落实党的二十大精神，对标世界一流企业价值创造行动有关要求，全面实施创新驱动发展战略，紧密结合企业发展总体战略，围绕"创新引领，创新发展，创新增效"主题，推动管理机制改革，聚焦"双碳"产业研究，依托自主创新和产学研合作，推进新产品、新技术及核心关键技术开发，加大产业链优化升级力度，提升科技创新综合实力；着力破解科技创新发展难题，推动构建科技创新、产业创新、开放创新和制度创新"四位一体"的创新格局，确保制度优化、人才培育、平台建设、研发投入、新技术消纳、新产品开发等各项工作高效推进，坚定不移向现代一流化工企业迈进。

（一）以体制机制创新为引领，打造科技创新汇聚地

加快建设世界一流企业是党的二十大报告对中国企业发出的时代呼唤，中央企业和国有企业要发挥带头作用，因此加快建设世界一流企业也是北元集团的战略任务，"争第一、创唯一"是总要求。一是持续优化科技创新管理体系，完善项目立项评审机制，提高项目立项质量；完善小试转中试评估标准，明确小试、中试和产业化转化标准和流程。二是制定中试装置管理规定，规范中试设计、建设、运行和停运等环节管理。三是强化科技创新项目管控，推行项目分级分类管理；优化科技创新管理考核，强化各层级科技创新责任意识。四是推行重大项目"揭榜挂帅"制，提升核心关键技术和产业瓶颈问题解决效率。五是加强科技创新项目费用管控，杜绝项目超预算现象发生。六是建立专利申报评审机制，杜绝无价值专利申报，提高发明专利数量占比。七是优化产业政策、技术信息检索机制，拓宽信息获取渠道，明确信息甄别标准，建立产业技术信息库。

（二）以科创平台建设为重点，打造创新成果策源地

瞄准"双碳"产业技术，依托自主创新和产学研合作，推进新

产品、新技术及核心关键技术开发，加大产业链优化升级力度，提升企业综合竞争力。一是围绕募投项目科技研发中心建设项目，推进省级重点实验室建设。二是依托无汞催化剂工业化试验平台，推进金基无汞催化剂全生命周期评价研究。三是搭建"光伏＋电解水"制氢工业化示范平台，探索"清洁能源＋制氢＋氢能"技术发展路径。四是完成氯乙醇和二氯乙烷工业化试验装置建设，布局煤—盐—聚氯乙烯—精细化学品产业链。五是依托甘氨酸中试装置，开展甘氨酸收率提升和废水处理试验研究。六是完成电石渣制备高效脱硫剂小试装置建设，力争脱硫效率提升 30%。七是围绕榆林市聚氯乙烯绿色合成与应用重点实验平台，推进差异化发展战略，开展聚氯乙烯产品研发、PVC 塑料加工及绿色合成相关技术研究。八是打造源网荷储一体化能源体系，推动整个产业链绿色高质量发展。

❖ PVC 流变性能检测

（三）以资源要素保障为抓手，打造创新生态聚集地

企业要统筹好教育、科技、人才资源"三位一体"来推进科技创新，通过协同配合、系统集成，实现基础研究核心技术原创能力的战略性突破，塑造科技创新的新生态聚集地。一是坚持政策引领。认真学习、研读科技创新政策，因地制宜制定北元科技创新政策体系，引导各类创新资源要素集聚成势、高效配置，激发创新活力。二是坚持人才为先。制订"北元英才计划"，健全人才培养机制，强化"三个序列"后备人才储备，完善人才梯队建设，培育一批领军人物和创新团队，培养一批创新型、应用型和复合型优秀人才，为公司可持续发展提供基本保障。三是坚持研发投入稳步提升。以科技项目实施、研发投入项目归集为抓手，加大现有产业链升级和战略性新兴产业布局的科技投入，为发展增添了强劲动力。四是坚持产学研合作。拓展与国内外知名高校、科研院所合作的广度和深度，瞄准战略新兴领域汇聚研发力量，谋划推进与知名院校合作共建研究院，为科技创新发展汇聚动能。

（四）以创新主体培育为核心，打造科技企业繁茂地

北元集团始终坚持科技创新驱动发展战略，大力推进科技创新能力建设，积极构建"分子公司为主体，职能部门为支撑，科技研发中心为核心"的"三位一体"的科技创新模式，围绕产业链部署创新链，围绕创新链布局产业链，加快提升科技创新综合实力。

1. 坚持主体为基，聚焦产业优化增效。企业紧扣"安全生产、提质增效、项目建设、绿色发展"主题，靶向施策、精准发力，聚焦产业优化增效。一是坚持产量质量提升研究，开展聚合反应过程中滴加消光剂工艺技术研究，降低消光树脂生产成本，提升消光树

脂产品质量和加工性能。二是持续推进 PVC 产品加工服务能力建设，逐步建立新产品研发—产品常规分析检测—下游加工应用评价—客户使用数据支撑的产品研发服务体系。三是加大产业链关键环节节能挖掘，主要包括 PVC 输送系统、VCM 转化热水系统、锅炉给水系统和蒸汽余热系统等。四是持续开展生产自动化升级研究，主要包括 APC 先进控制系统应用、智能装车系统应用、电石炉出炉自动化提升和白灰窑燃烧自动化控制研究等。五是加大节能新技术应用，包括电缆故障检测技术、非接触同步永磁传动技术、引发剂滴加技术等。六是聚焦产业瓶颈问题解决，加快推进废水资源化利用、VOCs 治理、噪声治理等研究。

2. 坚持支撑为源，聚焦机制创新提效。企业坚持把党的领导和公司治理有机统一，坚持党委"把方向、管大局、保落实"与董事会"战略管理、科学决策、防控风险"有机统一，聚焦机制创新提效。一是构建北元集团培训管理体系，助力企业缓解工学矛盾，提高培训效率，降低培训管理成本。二是积极推进混合所有制企业党建深度融合安全生产管理研究，形成混合所有制企业特色党建品牌管理体系。三是建设智慧环保管理和职业健康数智化管理平台，提升管理效能。四是开展人力资源管理系统智能化研究与应用，真正实现人力资源全业务流程智能化。五是开展智能工厂建设规划与研究，制定智能工厂分项系统技术方案，指导公司长期智能工作建设。六是完成国家级智能工厂能力成熟度评估与研究，综合评价企业数字化、网络化、智能化发展水平。七是完成全面预算管理体系在企业中的应用研究，构建符合公司发展能势和现状的全面预算管理体系。八是推进生产管理标准制定，建立保温绝热材料选型、安装施工标准，常压储罐安全完整性管理标准和安全关键设备完好性管理标准等。

3. 坚持核心引领，聚焦战略发展创效。 企业不断推动产品差异化、多元化、高端化、绿色化发展，致力为客户提供更优质、环保的产品，聚焦战略发展创效。一是加快推进深层盐穴压缩空气储能工程技术研究，攻关高埋深水平盐穴腔体用于压缩空气储能和大口井井组施工等关键技术难题。二是加快推进煤化工废水制氢及综合利用研究，完成离网模式和"光伏+网电"双模供电模式电解水制氢技术研究。三是大力推进万吨级规模煤化工废盐回用电解试验装置工程转化，解决煤化工废盐回用电解技术难题，实现行业间协同绿色发展。四是加快推进"双碳"背景下氯碱发展策略研究，探索"双碳""双控"背景下的氯碱产业转型升级策略。五是大力推进分布式光伏发电，布局新能源产业。六是加快推进重质煤焦油分离精细化学品和二氧化碳制航空煤油研究，拓展产业链创新链。七是坚持推进差异化发展战略，加快聚氯乙烯新产品开发，以及1—3种有竞争力的精细化工产品小试研究。

以数智聚力提振北元数字化发展新模式

在党的二十大宏伟蓝图中，中国式现代化被明确为引领中华民族伟大复兴的康庄大道，其中"加快建设网络强国、数字中国"的战略部署，如同灯塔一般照亮了化工行业高质量发展的航道。2023年，《数字中国建设整体布局规划》的出台，更是从国家战略高度，为化工行业的数字化转型绘制了详尽的蓝图，提供了科学的指导原则。北元集团积极响应国家号召，深入学习贯彻党的二十大精神，以习近平新时代中国特色社会主义思想为指引，充分发挥党建的"红色引擎"作用，将党建优势深度融入数字化转型的每一个环节，转化为推动变革的磅礴力量。公司坚持问题导向，精准把脉数字化转型的痛点与难点，紧抓物联网、大数据等前沿技术，匠心独运地构建了数字化顶层设计的宏伟框架。在此基础上，北元集团勇于探索，敢于创新，积极推动数智化技术与安全、生产、经营等核心业务的深度融合，以技术创新为驱动，以管理变革为支撑，为传统产业的转型升级插上了智慧的翅膀。这一举措不仅极大地提升了企业的生产效率与经济效益，更为行业数字化发展的实践探索提供了宝贵经验和示范引领。

一、基本情况篇

以党建引领数智化转型发展，北元集团成立了数智管理中心。作为驱动公司数字化转型的强劲引擎与核心力量，中心不仅承载着推动公司向数智化时代迈进的使命，更是促进创新发展的战略高地。通过深度融合前沿的数智化技术与管理智慧，数智管理中心助力公司实现了运营效率的飞跃式提升与市场竞争力的显著增强。经过数年的耕耘，北元集团已建立起一套完善的数智化制度体系，为转型之路铺设了坚实的基石。多个数智化应用系统的高效运行，如同为北元插上了数智的翅膀，使其在激烈的市场竞争中翱翔得更加高远。

（一）发展历程

数智管理中心是集团中心之一，前身是信息中心，成立于2009年11月，历经多年信息化建设；2013年纳入综合管理部信息管理模块；2022年5月，北元集团从全局发展角度出发，加快集团数字化转型、提升智能化水平、增强两化融合综合实力，将综合管理部信息管理模块提升为集团二级独立部门，成立数智管理中心，开启新一代信息技术赋能企业迈向数字化与智能化快速发展的新篇章。

（二）机构职责

数智管理中心是公司数智化业务的专业化管理部门，按照公司整体发展要求，中心下设4个业务室，即规划管理室、平台管理室、运营管理室、智能制造室。规划管理室主要负责制定公司数智化战略规划、年度计划，出台制度办法、标准规范，统筹协调资源和基础业务管理；平台管理室主要负责统一架构管理、网络安全管理、私有云平台管理、统一运维管理；运营管理室主要负责业务流程优化、企业数据治理、系统运营管理；智能制造室主要负责安全生产数智化项目实施，推进项目进度和保障项目质量。

（三）人才队伍

公司数智管理中心现有员工 15 人，主管级以上管理人员 5 人，副高级职称 3 人，中级职称 6 人，初级职称 2 人，本科及以上学历 14 人，占比 93%，能力分布于规划、架构、平台、安全、数据、应用、开发、项目、质量、运维等多领域。除中心外，公司内部共设有数智化专兼职管理人员 18 名，分布于各职能部门、中心及分子公司，协同开展数智化业务。

（四）制度建设

为推进公司的数智化业务高效运营，公司建立《数智化业务管理办法》《网络安全管理办法》《系统运营管理办法》《数智化项目实施管理办法》《数智化设施管理办法》5 项基本制度，根据基本制度制定相应管理细则，构筑了北元集团数智管理中心的制度体系，实现了企业数智化业务的全面、高效、闭环管控。

二、蓝图绘制篇

（一）数字北元

习近平总书记在党的二十大报告中指出，"加快发展数字经济，促进数字经济和实体经济深度融合"。北元集团通过各生产要素的全面感知、互联互通、融合创新，实现基础设施孪生化、生产运行智能化、过程管理数字化、安全保障精准化、产业生态一体化、运营管控智慧化的目标，不断利用数字化赋能技术，向生产制造、运营管控、科技创新要效益。利用数字化赋能技术，向生产制造、运营管控、科技创新要效益，开展"数字北元"顶层设计，贯彻落实国家智能制造与发展数字经济的整体规划，通过党建引领，聚焦价值赛道、数字全面赋能、实现业务领先、引领行业新发展。

（二）总体目标

2023年2月，国家印发《数字中国建设整体布局规划》，这是党的二十大后我国在数字化发展领域作出的全面擘画，北元集团坚定不移沿着党的指引前进，坚持"数字北元"一张蓝图绘到底，编制了《智能工厂建设整体规划》，明确数字化以生产整体效能提升为核心，紧扣企业安全生产与经营管理，通过自动化、信息化、数字化及智能化等新型的应用，助力北元集团的高质量发展与数字化转型升级。

（三）建设思路

通过党建引领，北元集团顺利通过国家《智能制造能力成熟度等级》三级认证，从18个领域反映人员、资源、技术在企业应用情况，确定数字化转型建设按照"1+2+6+N"建设开展项目建设工作，即以安全生产智能指挥、经营管控智慧决策为1个核心大脑，以工业操作系统（工业互联网平台）、数字化交付2个平台为中心载体，以打造全要素感知、全自主运行、全流程优化、全业务融合、全生态协同、全智能决策6个能力为抓手，分步实施N个数字化、智能化应用场景，推动企业从人治驱动向数智驱动、从经验型向科学型、从单体化向一体化转变。

三、成果展示篇

近年来，北元集团在数智化转型的征途中取得了显著成就，在数智化成果的背后，是党建与企业发展深度融合的生动实践。通过运用数智化手段，统一管理平台，实现企业资源的全面整合，纵向到底、横向到边，各生产要素的全面感知、互联互通、融合创新，基础设施规范化、生产运行智能化、过程管理数字化、安全保障精准化、产业生态一体化、运营管控智慧化的目标。

立足北元集团数智化能力建设方面展现的显著优势，与其战略引领、技术创新、系统集成、智能决策以及合规性管理等方面的卓越表现密不可分，共同构成了独特的行业竞争优势，彰显了中国式现代化发展下的"北元模式"。

目前，北元集团基础设施建设趋于完备，单项应用和综合集成趋于成熟，协同与创新得到有效实现，依据权威平台评估，北元集团信息化与工业化融合发展水平在全国企业中高于97.45%的企业，在同行业中高于98.02%的企业，其中组织战略、生产作业、安全环保、信息安全等18个能力子域通过国家级智能制造能力成熟度三级

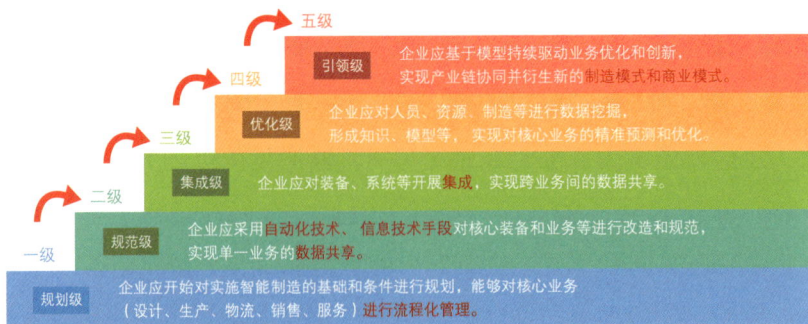

智能制造能力成熟度等级划分

评估，被工信部评估为智能制造能力成熟度三级企业，是陕西省仅有的 4 家通过国家级智能制造能力成熟度三级以上认证的企业之一。

随着数字化转型的深入发展，北元集团建立了 12 个数字化生产单元，年度单位生产成本同比下降 2%，年度产品合格率同比提升 0.1 个百分点，年度存货周转率提高 11%，年度万元产值能耗降低 0.02%，资产总额增幅 41.46%，工业总产值增幅 46.86%，全员劳动生产率提高 7%，持续引领行业数字化转型发展的新风向。

❖北元水泥智慧管理系统

（一）财务管理方面

在党建的坚强保障下，北元集团不断激发内生动力，以先进的 ERP 系统为核心，构建起企业内部人、财、事、物、供、产、销全方位协同的服务体系，实现了经营业务全流程的精细化管控，拓展党建引领与业务融合的深度与广度，促进了"业务在线化"向"决策数据化"的顺利转变，确保了企业战略方向与国家发展大局同频共振。

❖ 企业经营管理系统（ERP）框架

　　财务管理作为公司 ERP 系统的核心，主要实现总账管理、固定资产、费用管理、集团报表及合并报表、全面预算、票据管理、结算平台、智能商旅、银企直联、税务管理、会计档案系统等功能。一是提高全面的业财对接、财务核算、资金支付及相关管理能力，不仅满足企业基本财务核算和对外报告需求，还具有科目辅助核算和多种账表查询功能，并支持多维度专项核算与管理，满足北元对内报告和精细化核算的要求。二是与供应链、人力资源管理、费用管理和项目管理等完成对接，全面实现了公司业财融合基本框架体系。三是全面预算极大缩短预算编制周期，编制效率提升 30%。实现主要产品聚氯乙烯分型号核算、预算，电石按每台核算、预算。做到精细化管控，数据准确率 100%，非生产性支出实时预警，真正做到事前管控、事中监督、事后反馈和分析。四是在资金管理中引入银企直联和财企直联，实现资金收付全线上管理，提升资金结算及管理效率。五是在税务管理及档案管理中引入税务云、影像系统及电子会计档案系统，实现发票进项销项线上管理，加强业务审核及电子归档管理，最终实现财务"业、财、税、档、管"一体化管理。通过系统整体人均效能提升 30% 以上，节省办公成本 85 万元 / 年，库存资金降至 0.7 亿元以内，降幅 73%。

（二）人力资源方面

人力资源管理系统集招聘管理、考勤管理、假勤管理、薪酬管理、人事信息、社保管理、人员变动管理、组织管理、合同管理、报表、劳务派遣、员工自助等功能于一体，构建了统一、规范的管理系统。一是实现考勤智能化管理，通过与人员定位、无感考勤等 5 个系统集成，实现公司全体职工考勤全流程线上管理；二是薪酬核发覆盖薪资档案、薪资计算、发放申请、银行报盘等流程节点，可自动获取人事、考勤、社保等数据，实现薪酬智能化核算；三是将考勤确认功能切换至线上，提高考勤确认效率，降低统计员核对考勤工作量；四是薪资计提数据可自动提取分配，实现与财务核算无缝衔接，确保数据的及时性和准确性，提高工作效率、降低工作强度；五是与 OA 系统进行集成，实现值班报送审批，自动同步值班信息，降低考勤维护工作量；六是实现加班线上报送核算，并与薪酬模块打通，极大降低薪酬专员维护工作量。人力资源系统各个环节紧密衔接，极大地降低人为干预程度，同时与财务会计、费用管理、资金管理等模块集成，实现数据同步、共享，构建完整的人力资源全流程管理。

（三）采购管理方面

系统包含采购计划、招标询价、合同管理、电子签章、订单管理、采购验收、采购暂估、采购发票、采购结算、库存管理、供应商管理、电子商城、采购竞价等模块。一是显著提升采购业务合规性，通过流程自动化和规则设定，确保采购流程严格遵守公司政策和法规要求，所有采购行为都可溯源，减少人为错误、避免违规操作。二是供应商招募平台可为公司发掘优质供应商，提供开放公正平台，极大地扩大合作商范围，为采购优质低价原材料提供平台。三是通过平台定制化开发采购询价／竞价功能，无须与外部系统集成即可实现采购询价、竞价，不仅节省了经营成本，还极大加强了采购业务的闭环管理。四是采购价目表、原料自动结算、材料到货检验一体化、寄售采购一体化等功能的实现，不仅提高了供应链管理的效率和质量，还优化了公司采购、仓储等关键业务流程。五是融合商城平台的上线，通过灵活的比价功能，为采购员找寻优质产品提供技术支撑，还能有效地减少采购周期，提升采购效率。六是库存管理功能的应用，结合仓储条码、货位管理实现了库存精细化管理，有效减少库存积压，避免库存短缺，在库存精细化的基础上优化库存周转，降低仓储成本。系统实现了从供应商招募到供应商评价的全功能业务，达到了公司采购业务透明高效、严谨规范、高度自动化的预期效果，材料采购成本降低 3%，采购效率提升 50%，账实相符率达 100%，库存盘点效率提升 90%。

（四）销售及运输管理方面

系统包含销售管理、销售价格、销售信用、电销协同、异地库管理、电子签章、在途管路、路线竞价等功能。一是系统上线后销售业务从线下转变为线上管理，对销售政策、销售计划、产品定价、销售订单及合同管理、客户信用管理、合同履约成本、产成品出库及发货退货管理、销售入账及收款管理等环节全面管理，有效实现销售业务的合规管理。二是客户协同平台上线，基于客户角色采取"引导式"下单服务，客户体验更佳，提升客户协同业务的处理效率。三是销售价目体系化应用，实现多维度价格批量和实时调整，及时同步客户协同下单平台，规范了销售人员的报价行为。四是应用电子签章将函证、合同、提货单等销售业务从线下签字、盖章转变为线上审批、签字盖章，实现远程签署，大大缩短合同签署周期，降低交易成本，确保合同内容在签署过程中不被篡改，保障合同真实性。五是对库房产品信息实时管理，销售业务员可参照库存信息合理安排发货，提高销售响应速度，降低运营成本，确保库存与销售业务协同运作。六是通过对销售全业务系统管理，提供准确的销售数据，帮助企业规划生产和库存，降低运输成本，提高销售业务透明度。系统实现车辆拉运效率提升 55%、结算效率提升 50%，减少了作业人员的工作量。

（五）供应链上下游协同管理

在供应链上下游一体化协同方面，北元集团建设基于 5G 网络和北斗卫星定位的智能运销平台。包含产运销大屏，仓储大屏，厂区监控，公路、铁路、海运运输分布图，费用看板，产量视图，销量视图，统一监控中心模块等功能。一是对接 ERP 系统、主数据系统、无人值守称重系统、OA 系统、水泥车辆定位系统、视频监控系统、企业微信平台、第三方物流系统等，通过数据化可视技术，实现"产、运、销、存"一体化联动，动态掌握四大主型产品 52 种物料的"产、运、销、存"数据。二是平台对接 298 个厂区监控摄像头，可实时看到厂区装卸点。三是高精度测绘北元集团三大厂区，固定 915 个导航点位，配置 63 条厂区导航路线，导航精度可达到 3 米。四是实时监控 91 个异地库和厂区仓库的库存数据，实现对原材料、产成品物流运输实施监管，并将物流信息实时同步到管理部门。五是对接公路、铁路、水路、仓储、监控等多方面数

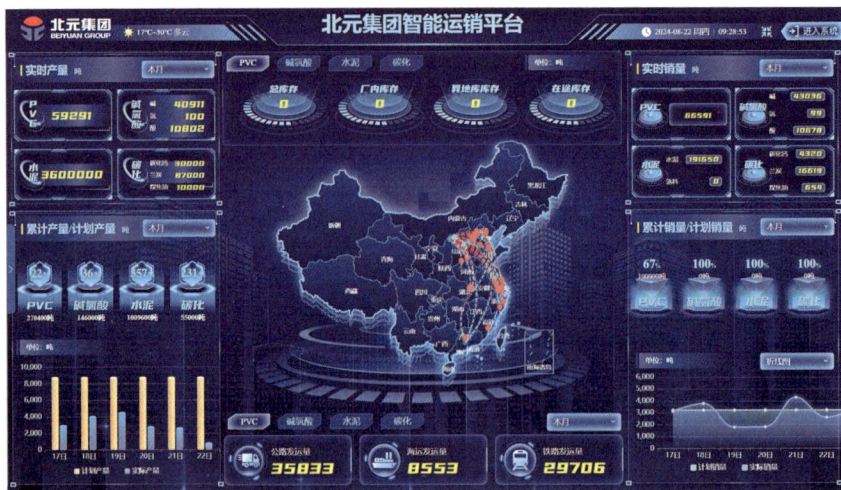

❖ 智能运销管理平台

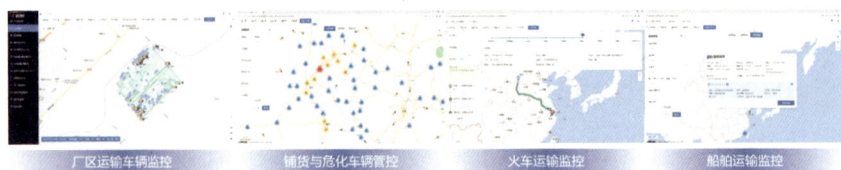

❖ 智能运销管理多式联运监控平台

据，实现运营、管理、运行多体系综合监控，实时掌握总体运行态势，物流全程可视化，运输全过程透明化。

（六）生产管理方面

党建引领在数智化转型过程中发挥着不可替代的作用。党建引领不仅确保了数智化转型方向的正确性，还为企业生产管理的创新与发展提供了坚实的政治保障和精神动力。通过引入物联网、大数据、人工智能等先进技术，建设数智化系统，实现了生产过程的智能化、自动化和可视化，显著提高了生产效率，降低了成本，并增强了企业的市场竞争力。

1. 生产管理方面。一是建设 PI 实时数据库，将公司生产系统 DCS、GDS 等 73 套控制系统，近 12 万点的实时数据进行了采集，构建北元集团生产实时数据资源池，搭建数字化模型，为安全生产管理系统提供数据支撑。二是建设 MES 系统，系统涵盖生产计划、调度、物料、能源、工艺、设备、质量、成本、绩效、项目、费用、安全、环保、应急、生产报表等 16 个模块，通过获取生产实时数据，将生产管理线下业务全部线上化，实现安全生产基础业务全过程管控，规范生产管理各环节业务流程及执行标准。三是建设高级报警系统，将分散在各 DCS 系统的报警信息统一管理，通过对公司工艺、有毒可燃气体及火灾报警数据进行梳理并分级闭环管控，减少报警数量，消除反复报警，避免了因报警信息埋没造成生产安全事故。四是建设安全生产信息数据库，涵盖企业信息、危化品信息、关键装置重点部位、工艺信息、安全信息、设备信息、场所设施、环保信息、消防信息、职业健康、企业知识库等功能，实现公司安全基础信息集中统一管理。五是建设了集巡检、管理、预警于

❖ 生产集控中心

一体的智能巡检系统，分级制定巡检任务和巡检路线，同时与 AI 视频、巡检机器人、智能仪表等系统对接，实现智能巡检与人员巡检的一体化管控。六是建设变更管理系统，将管理、工艺、设备设施等变更进行统一管控，实现变更业务线上闭环管理，进一步规范变更管理业务，减少或杜绝因变更不当引发的安全事故。七是建设 AI 视频分析系统，利用 AI 实时分析技术，实现对人员违规行为和设备运行安全进行监测，对各项监测分析结果进行量化展示，并加以人工决策判断，实现危害感知、违规预警、事后溯源。同时通过与智能巡检、作业票、敏捷应急等系统集成，实现生产异常状态以及人员违章识别与预警，避免事故发生。

2. **自动化控制方面**。公司共应用 9 套先进控制系统，先进控制投运率大于 95%，实现每年收益增加上千万元，降低操作次数 95% 以上，降低锦源热电工段氨水消耗 6.85%，降低化工硫酸裂解天然气消耗 4.6%，降低化工固碱装置单位产品蒸汽能耗 2.5%，水泥煤磨系统效率提升 30%，窑系统节煤 4.5%，节电约 1%，极大提升了公司自动化控制水平。

3. **工业机器人方面**。公司工业机器人主要包括操作型机器人 22 台（电石炉出炉机器人 18 台、聚合釜自动清釜机器人 4 台）、轮式巡检机器人（电石炉二楼巡检机器人 3 台）、机械臂机器人（PVC 包装机器人 14 台）、自动装料机器人（自动装碱机器人 10 台）、柔索装车机器人 2 台，规范现场作业，实现重点作业场景自动化减人，同时规避安全隐患，提高了生产效率。

（七）安全管控方面

北元集团作为应急管理部第一批"工业互联网+危化安全生产"试点建设企业，结合公司安全生产标准化、安全文化、过程安全管理"三位一体"的北元特色的安全生产管控体系，从安全管理方面出发规划建设了安全管控数智化应用系统。

1. 安全管理方面。一是建成线上线下融合的双预防数字化系统。通过多种风险分析方法，全面实现风险与隐患的数字化管控。实现员工从隐患发现、上报、方案制定到整改落实的全过程闭环管控。二是建设作业许可与作业过程管理系统，对动火、受限空间、高处等8类特殊作业以及一般危险性检修作业进行全流程管控，通过与视频分析、气体监测、人员定位、风险研判等有效联动，实现风险管理区域化、作业许可流程化、风险监控立体化的"三位一体"管控模式。三是建设承包商管理系统，实现承包商数字化管控，建立承包商资质审查、承包商教育培训、承包商施工过程监督、承包商业绩评价等管理，提升外来承包商作业安全管理水平。四是建设重大危险源管理系统，实现重大危险源区域"人、物、环境、业务"实时监测预警一张图管理。通过结合重大危险源固有档案信息和动态监测信息对每一个重大危险源进行精确预警。五是建设企业安全生产分析预警管理系统，通过总结和提取企业安全生产

❖ 智能化人员精准定位系统

过程中的各种风险因素，建立事件管理、隐患管理、人员管理等多项指标，构建企业安全指标模型，进一步提高安全生产管理的可预测和可管控水平。六是建设事故事件管理系统，将公司的设备、工艺、质量、火灾、爆炸等事故及未遂事故进行统一管理，实现事故事件分级、上报、审核审批、事故调查、事故报告自动生成、预防措施闭环管控。

2. 环保管理方面。建设环保管理系统，全面整合各业务系统数据，对废水排口、废气排口、VOCs排放、环境监测设施及环境治理设施的运行情况进行多维统计分析，为企业日常管理、数据分析提供统一平台化支撑。同时建立污染源、固危废、排污许可等台账管理，实现环保管理全业务链的管控。

3. 职业健康方面。建设职业健康数字化管理平台，通过该平台将企业、公司接触职业危害因素人员、检测机构以及体检机构进行统一管理，实现对企业职业健康基础信息管理、预警信息管理、分类监督管理、健康风险管理、健康日常管理、培训管理，帮助管理人员实现职业健康在线管理，职业卫生管理人员管理效率提升15%，工作量减轻25%，提高劳动者职业健康素养，实现职业健康管理的信息化。

4. 敏捷应急方面。一是建设基于4G网络的融合通信系统，采取"一核心、一平台"设计，将4G通信、对讲机、固话、定位仪、应急广播等通信设备全部纳入一张网管理，构建一套信息互通、敏捷高效的应急调度指挥通信系统，有效提升公司应急管理水平。二是建设人员定位系统，实现进入生产厂区内室内外亚米级精确定位，系统具备人员实时跟踪、历史轨迹回放、分区域人员统计、巡检路线管理、消息群发、告警管理、禁区管理等功能。通过系统对进入生产厂区各类人员精准管控，为其他的生产应用提供数据保障。三是建设敏捷应急管理系统，包括应急管理一张图、应急能力评估、应急资源、应急预案、应急演练、值班值守、事故接处警、应急救援指挥、应急辅助决策、应急恢复、救援过程回溯、事故总结评估、应急联动等功能。系统将人员定位、应急广播、融合通信等应急通信有效整合，有效提升公司应急管理水平。

四、未来发展篇

身处数字化时代洪流，未来公司面临更多的机遇和挑战。推进数字化转型当奋勇争先，践行"安全、智能、绿色、创新"的发展理念，要坚持以习近平新时代中国特色社会主义思想为指导，持之以恒推动数字产业化。以"数字北元"顶层设计为指导，一是要抓好政策体系，研究新技术，探索新场景，立足新形势、新任务、新要求，重点聚焦关键技术、融合互通、数据应用等关键业务领域的探索与创新，加快优化数字化转型落地；二是全面建成"工业互联网＋危化安全生产"试点企业，安全关口前移，实现"零伤害、零事故、零污染"目标，发挥示范引领作用；三是数字化赋能安全生产、节能减排，打造"双碳"管理平台和集团级一体化调度指挥与决策中心，助力构建绿色低碳现代产业体系，实现生产过程可视化、透明化、智能化的管控，支撑公司向高端化、智能化、绿色化发展；四是构建数据底座，打造领导"驾驶舱"，激发全员创新应用潜力，为上层高阶分析应用提供全面支撑。以利润最大化为目标，通过建立时效利润模型，领先数字化供应链，打通产供销"端到端"协同发展，盘活上下游资产，实现资产数字化、数字资产化。

未来，北元集团将继续在技术引进、人才培养、组织架构调整、政策支持、成本投资等方面发力。全面赋能业务、组织、管理，价值链得以重塑，积极拥抱和创造新技术、新业态、新模式，全力提升公司价值整合能力、资源配置能力和核心竞争力，以构建新发展格局，实现颠覆式创新与跨越式发展。

"北元模式"下的特色企业文化
融合与重塑的实践与探索

近年来，随着国有企业改革的不断深化，混合所有制企业也应运而生。而企业文化作为凝聚企业上下的枢纽，对企业的发展起着重要作用。事实证明，对一个企业来讲，企业文化就是它的旗帜和灵魂，也是每一个员工忠于职守、同舟共济，助力企业战胜困难、实现跨越式发展的不竭动力源泉。在国有企业和民营企业之间，由于投资主体的利益诉求和价值取向存在多样性和差异化，必然会使混合所有制企业的职工产生"思想冲突"和"文化摩擦"，在价值导向上存在一定的差异，这不仅凸显了企业文化整合和重塑的重要作用，也提出了企业文化建设面临的艰巨挑战和任务。

一、混合所有制企业文化整合与转型面临的困境

（一）文化融合没有得到足够的重视

企业的重组涉及大量的内外部因素，其中有物质方面的，也有精神方面的，所以，想要实现其文化融合，将面临着巨大的困难。

然而，在当前企业重组过程中，文化融合与重塑往往没有得到足够的重视。其一，企业文化往往被认为是"虚拟的"，所以在重组过程中，企业文化自然会与集成硬件相融合；其二，对企业文化的解读过于抽象，造成"高、大、空"的现象，认为企业文化遥不可及；其三，对文化融合的艰巨性、复杂性、持久性和系统化等缺乏足够的思想准备，没有能够与企业的重组同步落实。

（二）价值观没有达到统一

共同的价值观是企业文化的核心。但在某种意义上，价值观又是极其主观的，能够对人们的行为准则产生决定性的影响与作用。在长期的经营实践中，企业文化价值观的发展因历史传统差异、行业体系特征模式和素质差异而不同，进而导致员工意识和员工行为准则的形成存在差异性。作为一家混合所有制企业，在其发展过程

❖"聚和杯"足球联赛

中，文化的差异性往往是因为员工的价值观不同造成的。不同的价值观，也会使人与人之间产生摩擦和冲突，并成为维持他们原有价值观的本能，尤其是在面对逐渐占主导地位的新的企业价值观时。

（三）行为目标存在差异性

公司的战略目标，是决策层所追求的价值体现，战略目标不一样，其支撑的企业文化内涵也就不一样。由于职工文化背景、性别、学历等不同，对目标的关注、理解和认知水平也不同，而领导层重组的过程往往忽视了这些因素，没有分析确定文化之间的差异，对企业文化的融合缺少必要的论证，导致企业重组后效果较差。

（四）制度的有效设立存在阻碍

不同的所有制企业，由于企业内部管理、分配制度、招聘和资本运作的不同，产权关系也不一致，因此在企业重组后，就会面临着一系列障碍。比如，在劳动人事方面，民营企业人事用工制度较为灵活，而在国有企业，人事劳资等政策却比较固化，企业重组后，为进一步提高生产效率，必然会对人事用工制度进行一系列改革创新，从而导致与员工原有的价值观念发生碰撞和冲突。

二、混合所有制企业文化融合与重塑在北元集团的实践与探索

（一）混合所有制改革情况

北元集团成立于 2003 年 5 月，最初是由神木电化有限责任公司、神木县国有资产运营公司和神府能源开发总公司三方股东共同

组建的民营企业，建设了年产 10 万吨聚氯乙烯生产线。2007 年 12 月，北元集团与陕煤集团及神木当地部分民营企业、自然人股东共同建设 100 万吨 / 年聚氯乙烯循环综合利用项目。2017 年 12 月，公司开展员工持股改革试点，引入员工持股平台，企业发展为由陕煤集团、2 户民营企业、10 方自然人股东和员工持股平台共 14 方股东组建的大型煤盐化工企业，属于陕西省典型的混合所有制企业，开创了大型国企与地方民企深度合作的混合所有制模式，被陕西省委、省政府誉为"北元模式"。

（二）"聚·和"文化体系形成背景及内涵

混合所有制企业在重组后如何通过企业文化的传导、渗透，实现企业各参与方有机融合，是合作中值得考虑和探究的问题。在合作过程中，为了形成企业发展合力，北元集团在文化融合过程中，坚持传承和创新相结合，于 2010 年 9 月制定了公司品牌建设规划，成立了企业文化与品牌建设委员会，形成党政领导齐抓共管的品牌管理体系。2011 年 1 月，北元集团进行了企业文化整合与品牌体系构建项目建设，围绕陕煤集团企业文化体系，对原有的以"责任、价值、凝聚、超越"为核心理念企业文化体系进行了梳理提炼和创新重塑，确立了以"责任"为主线的北元"聚·和"文化体系，包括理念识别、行为识别、视觉识别系统，适应了公司跨越式发展带来的新形式、新情况，进行了企业文化与管理相融合的研究与实践，助推公司持续健康发展。其中，理念识别系统包括以"敢于负责，勇于创新"为企业精神的 5 个核心理念和 18 个子理念。并采取多种方法和途径进行宣贯和落实，使其与企业安全生产、经营管理、项目建设、团队建设等工作有效融合。"聚·和"企业文化体系继承了原有企业文化并进行了内涵与外延的拓展，更具体、更直

❖ 开展"三必访、三必谈、三必帮"工作

观、更贴近实际，更与时俱进，适应了北元集团跨越式发展带来的新形势、新情况，形成北元人共同核心价值观、共同愿景和使命，拥有统一的目标激励、行动指南、价值取向和行为规范，凝聚广大干部员工的力量和智慧。

（三）"聚·和"文化落地深植的具体做法

1. 文化引领，推动战略执行，发展循环经济产业。20多年来，北元集团以"聚·和"文化为引领，全面推行清洁生产，走循环低碳经济发展之路，始终践行绿水青山就是金山银山的理念，大力发展循环经济，形成"煤—盐—发电—电石—烧碱—聚氯乙烯—水泥"循环产业链。

北元集团循环综合利用项目将当地的两种资源煤和盐最终转化成主产品聚氯乙烯，同时生产出水泥和烧碱等。产业链中，以当地煤炭为基础原料，生产兰炭和发电；以兰炭为原料，电为热能生产电石；以电石和原盐为原料生产聚氯乙烯和烧碱；以化工产生的电石泥废渣与热电锅炉排出的炉渣及粉煤灰为原料生产水泥；热电项目为整个产业链提供电力和蒸汽。整个生产过程没有废弃物排放，资源在生产全过程得到高效利用，形成一个生态产业链条，改变了氯碱产业"两高一资"的传统生产模式，实现了经济效益、社会效益和环境效益的有机统一。同时，北元集团紧紧围绕"建立具有北元特色的产品序列体系"和"贯穿产品全生命周期的全面质量管理"两大目标，以提品质、增品种、创品牌"三品"建设为重点，以市场需求为导向，以创新为动力，优化产业结构，不断提高品质的满意度、产品的丰富度、品牌的认可度。目前已形成42种PVC产品、7种无机产品、9种水泥产品以及4种电石类产品，产品出口网络覆盖亚洲、非洲、欧洲、大洋洲、南美洲80余个国家和地区。北元集团成功入选"2017年第一批绿色工厂建设示范企业"。

2. 文化导向，优化管控模式，"北元模式"优势日益凸显。2009年，公司组建为集团公司。2011年，在集团化运作逐步理顺、集团管控优势逐步显现的基础上，北元集团不断优化管理，一是大力推进集团管控优化和业务流程体系建设，建立健全了高效、灵活、开放的经营管理运行机制，以资金管理为核心，建立了规划、财务、企管联运机制，不断提高企业盈利能力；以营销管理为龙头，建立供应、生产、销售、质量、服务等职能管理平台，不断提高对各种资源的配置和运用能力；以管理现代化为手段，完善企业信息收集、信息传递、信息反馈等体系，进一步规范了管理流程。二是在"北元模式"的引领下，逐步将ISO9000质量标准体系引入北元集团党建工作，促进党建工作科学化、规范化、系统化，大力推动了企业又好又快发展。"北元模式"推进企业文化融入企业生产经营与管理实践，推动着发展中的北元一步步做大做强。三是在技术创新上推进"产学研用"深度融合，成立了科技研发中心，开展无汞触媒工业化实验、电石渣资源利用等研究项目，为企业跨越式发展提供了技术支撑。四是以入围国务院国企改革"双百企业"为契机，逐步实施了内部组织机构扁平化、推行职业经理人改革、"利润+"考核、中层管理人员年薪制等 17 项改革任务，激发了发展活力。五是于 2015 年 3 月正式启动上市工作，2017 年 6 月完成股份公司改制，2018 年 2 月 7 日向陕西证监局正式上报上市辅导备案，2019 年 6 月 17 日向中国证监会报送申报上市材料，2020 年 7 月 8 日通过证监会召开的初审会，8 月 7 日顺利通过中国证监会发审委审核，9 月 18 日取得核准发行批文，10 月 20 日正式挂牌上市，成为榆林市首家 IPO 主板上市企业，对释放地方经济活力、优化产业结构发挥了重要作用。

3. 文化支撑，加快两化融合，引领企业步入云时代。近年来，北元集团大力开展信息化建设，智能工厂建设项目同 100 万吨 / 年聚氯乙烯项目同步规划、同步建设，按照"全自动操作、全要素感知、全流程优化、全业务协同、全决策智能"的总体思路，通过数据、技术、流程、组织的互动创新，使企业向实现"管理卓越、生产高效、本质安全、环保节能、产品一流、服务一流"的总目标转型升级。公司通过数据、技术、流程、组织的互动创新，打造"全自动操作、全要素感知、全流程优化、全业务协同、全决策智能"的智能工厂。一是建设了集计算、存储、网络、灾备等于一体的私有云数据中心以及工业互联网平台，打造智能工厂新基座。二是分步实施了仪表智能化改造、35 千伏配电室无人值守改造，固碱包装投用自主研发自主知识产权的智能机器人，全面推广 APC 先进控制等，全面提升生产过程智能化水平。三是对生产数据进行了全量实

❖ 庆祝建党 100 周年歌咏比赛

时采集，建设了生产全过程管理的 MES 系统，以"工业互联网＋危化安全生产"试点建设为契机，建设了人员定位、应急广播、融合调度、双重预防、作业管理、承包商、重大危险源等系统，助推北元"三位一体"安全管理体系落地。四是先后建设了 OA 协同办公、主数据、涵盖经营管理全业务链的 ERP 系统、无人值守称重、云采购平台、全面预算等系统，实现了人、财、物、管、供、销等全业务链的数字化管控。五是先后建设了集消费一卡通、智慧餐饮、智慧通勤、智慧通行、智慧物业等于一体的智慧园区服务平台，实现了民生服务的数字化转型。

4. 文化塑造，加强团队建设，实施人才强企战略。北元集团始终坚持党管人才原则，不断深化机制改革，着力在人才引进、培养、使用、留用上下功夫、出实招，相继出台了《劳动用工管理办法》《招聘及录用管理办法》《"高层次人才引进"实施方案》等制度，先后修订了《管理人员管理办法》等制度，优化薪酬激励体系，建立"686"职级体系，实行"以岗定薪"差异化薪酬分配机制，薪酬激励范围进一步向生产一线岗位、关键核心岗位、紧缺急需的高精尖专人才倾斜，创新推进业务主管竞聘上岗机制，成立了培训中心，开办2301届"赋能培训"专题培训班，建立健全"师带徒""对标学习"等培养机制，为激活人才"一池春水"注入了动力源泉。以管理队伍、技术队伍和员工队伍"三支队伍"的建设为重点，建立了企业人才库和系统的人才成长机制，坚持有层次、有重点地开展各类培训，先后与西北大学、西安建筑科技大学、贵州大学、复旦大学等高校建立了校企合作关系，为公司深化企业管理、加快科技研发和人才梯队建设创造了更为有利的条件。按照公开、平等、竞争、择优和分层分类、动态管理的原则不断优化企业管理人员队伍，将双向交流、岗位轮换作为加快人才成长的有效途径，在本单位或本部门内部、跨单位或跨部门之间推进横向或纵向岗位轮换，落实人才激励制度，制定更加优惠、更有"含金量"、更富吸引力的人才政策，搭建人才成长的组织平台。北元集团内部实行专业模块管理，实行经理层成员契约化管理，建立各层级岗位竞聘制度，优化岗位管理体系，通过组织跃迁给予人才更多的成长平台与机遇，创造公平公正的用人环境，让有抱负、有才能的员工能够脱颖而出，走上管理和技术岗位；建立人员退出机制，坚决淘汰和解聘不能胜任岗位要求的员工。北元集团在人事任用上进行大胆改革，所有管理岗位一律通过内部竞聘、公开招聘等方式，选聘业务能力强、组织能力强的优秀人才到管理岗位。同时持续完善干部综合考核评价机制，以规范选人用人为切入点，积极落实鼓励激励、容错纠错、能上能下"三项机制"，坚持民主、公开、竞争、择优原则，通过干部考核评价、末位淘汰等方式，对考核评价末位人员进行诫勉谈话、降级使用，形成"能者上、平者让、庸者下"的干部选拔任用机制，彻底打破干部任免只上不下、好上难下的格局。围绕高层次产业人才需求，积极推进战略科技人才、科技创新领军人才队伍建设，加大一线创新人才和青年科技人才培养力度，积极开展技能大师选拔和外部高精尖人才引进，努力培养一批高技能人才。同时，注重人才的培训教育工作，构建多元有效的培训体系，制订分层、分类、分专业的培训计划，针对不同专业、不同业务需要，通过"请进来""走出去"等方式，举办各类培训班和讲座，让人才在培训中开阔视野，在实践中提升能力。

5. 文化赋能，加强宣传引导，用好文化建设"传声筒"。 北元集团紧跟时代发展与企业改革创新步伐，及时传达党中央、上级党组织及公司党委政策和重点工作部署，宣讲形势任务、传递管理举措，助力改革发展稳步推进。一是按照北元集团党委、分子公司党委、基层支部、党小组（班组）四层级及时宣讲党的二十大精神和习近平总书记来陕考察重要讲话重要指示精神，做到党组织全覆盖、党员干部全覆盖、职工群众全覆盖。二是紧紧围绕北元集团生产经营中心工作，把握宣传工作主线，充分利用《聚和》内刊、网站、宣传栏等载体，大力宣传国家政策、法规，以及北元集团有关会议精神、制度，让职工了解国际、国内形势，了解氯碱市场动态以及北元集团生产经营情况等，以正确的舆论导向引导人，凝聚广大职工艰苦奋斗、顽强拼搏，为企业的发展而努力。并对公司改革发展的新举措、新经验、新亮点展开全方位、多角度的宣传报道，及时传达"北元好声音"，为企业健康发展营造良好的舆论氛围。对《聚和》内刊进行丰富升华，打造精品特色，重点加强微信平台和"北元之家"企业号的管理，在"两网一刊两平台"的基础

❖职工子女夏令营活动

上，进一步丰富和创新宣传形式，突出体现新闻宣传的时效性、思想性和引导力。三是认真做好新闻策划，有计划、有措施、有步骤地开展重点工作的宣传，以新鲜的体裁、新颖的视角和深度的剖析吸引读者，切实增强网站、微信和《聚和》内刊的可读性。通过一系列贴近生活、贴近实际、贴近职工的"小"载体，做好日常形势宣传、成就宣传、主题宣传、典型宣传，唱响主旋律，集聚发展正能量。四是深入开展意识形态重点课题研判工作，各级党组织围绕"如何有效抓好青年思想政治工作，引领青年建功立业"等主题开展大讨论，形成《新时期企业青年职工思想状况的调查与分析》《挖掘弘扬"北移精神"的实践与研究》等一批具有思想性、前瞻性和实践性的研究成果和实践案例。其中，《"北元模式"下的特色企业文化融合与重塑的实践与探索》荣获中国化工职工思想政治工作研究会 2022 年度"新和成杯"党建思想政治工作优秀研究成果三等奖和陕西省2021年度思想政治工作优秀研究成果一等奖。

6. 文化塑魂，聚焦民生工程，提高职工幸福指数。北元集团在企业文化建设中，将群团活动作为文化建设传承、深化的主要载体，让职工自觉地成为企业文化建设的执行者和传播者，推动了和谐企业创建进程。一是从2021年开始将每年5月确定为"企业文化月"，在"企业文化月"中，举办先进人物事迹报告会、企业文化演讲比赛、征文活动等系列工作，引导广大员工重温企业文化，推动企业文化落地深植。二是发布质量文化和廉洁文化，编印《"3356"廉政风险防控手册》和《廉洁文化手册》。三是编印《北元志》《北元故事》《北元力量》《思想政治研究工作成果》《工运论文》《巾帼之骄女工风采展》和《聚和》内刊等文化作品，不断拓展和丰富企业文化的内涵，进一步壮大了企业改革发展的正能量。四是选树"企业文化大使"，深入基层进行宣讲，引导广大员工积极践行企业文化。五是定期推出融入公司企业文化元素的小视频与小故事，把抽象的企业文化理念具象化，使广大职工把企业文化理念融入本职工作，对形成企业内部凝聚力和外部竞争力起到了积极作用。六是持续抓好先进典型的培育，公司每两年评选一次"最美员工"，让陕煤集团"奋进者"文化和"北移精神"得到生动体现，发挥企业文化引领人、凝聚人、激励人、培育人的作用。七是积极践行"一切为了发展，一切为了员工"的理念，大力推进民生工程的建设与发展，不断完善员工关怀体系内容，持续开展"困难帮扶"、"金秋助学"、"夏送清凉"、"心连心"志愿者服务队上门服务等员工关怀活动，为全员发放就餐补贴、解决双职工住宿问题、为员工缴纳企业年金、调增了主管级以下人员岗位工资、组织全员进行健康和职业体检、延长女工产假、购买女工特殊疾病互助保险、建设高标准的职工活动中心、健身房、篮球场、足球场等娱乐活动场所，建立集购物、餐饮、医疗、理发、运动健身、快递包裹服务于一体的"一站式"服务中心，举办职工健身运动会、迎七一千人健步跑、工会工作表彰会、职工技能比赛大赛、"青春杯"男子篮球联赛和"青春杯"女子篮球联赛等，增强了员工的凝聚力、向心力和归属感，增强了员工对企业文化的认同。八是积极推动产业工人队伍建设改革重点任务落地见效，组织员工参加各类国家级、省级技能竞赛，荣获全国化工行业职业技能竞赛总控工个人三等奖、陕煤集团工会改革创新项目竞赛二等奖。并建设北元集团"职工之家"1个、工匠创新工作室1个。九是打造"三型"女职工队伍建设品牌，实施女职工巾帼建功、维权服务、关心关爱"三提升"行动，组织开展女工缤纷四季全民阅读、"情系女职工　法在你身边"妇女权益保护等活动，召开"三八"女职工表彰会，建设心理健康咨询室和母婴关爱室。

三、企业文化融合与重塑取得的成效

一路走来，北元集团摸着石头过河，凝聚全员力量、铸造企业魂魄、强健发展根基，充分发挥企业文化的导向、推动和辐射作用，有效推动企业高质量发展，收到明显成效。

（一）为高质量发展注入了动力

在"聚·和"文化的感召下，广大干部职工的思想境界、精神状态得到升华，激发出求知求美、积极进取、奋发向上的内生动力，企业实力显著增强。北元集团从民营企业发展到国有控股的上市公司，从单一的工业品生产企业到绿色低碳循环的大型化工企业，从2005年至2023年年底，北元集团产值由1.59亿元跃升为

123.86 亿元，增长了 76.9 倍；资产由 6618 万元发展到 147.9 亿元，增长了 222.48 倍；人均收入从 1.39 万元 / 年增加到 14.62 万元 / 年，增加了 9.52 倍，企业竞争力和盈利能力持续攀升。

（二）为新发展格局汇聚了能量

"聚·和"文化碰撞下的集体智慧，让全体干部员工更加乐于接受和易于认同。新发展理念让绿色发展成为目标共识、价值认同、沟通桥梁，员工的自我价值在企业发展和壮大过程中得到不断提升，个人潜能在创新中不断释放、汇集，集体智慧在全员群策群力下提升、转化，积极推动产业能源革命，布局新能源、储能、氢能等领域，打造源网荷储一体化能源体系；同时，围绕榆林地区优势资源，延伸和丰富产业链产品结构，发展精细化学品、功能新材料等产业，构建"新能源＋精细化工＋绿色材料"的新型化工产业

❖职工子女夏令营活动

链，成为助推企业构建新发展格局的开拓力、融汇力和持久力。

（三）为可持续发展筑牢了根基

"聚·和"文化激发起广大干部员工攻坚克难的勇气、开拓创新的士气和不断进取的志气，打造出一支"特别能吃苦、特别能战斗、特别能学习、特别能创新"的铁人式队伍。北元员工人数从230人发展为4600余人，劳模辈出、群英荟萃，形成省部级、陕煤集团级、地市级、公司级组成的48人劳模群体，公司取得专业技术职称人员1419人。广大干部员工在工作上有方向、情感上有归宿、事业上有成就，成为企业最有价值的资产和最强劲的综合竞争力。

北元集团连续多年进入中国石化企业500强，先后获得全国五一劳动奖状、国家循环经济标准化试点企业、全国两化融合示范企业、全国安全文化建设示范企业、中国企业文化建设先进单位、全国和谐劳动关系创建示范企业、改革开放40周年企业文化建设标杆单位、陕西省先进集体等荣誉，"北元"牌聚氯乙烯和高纯氢氧化钠被评为"陕西省名牌产品"，"北元"商标被认定为陕西省著名商标。

四、启示

总体来说，混合所有制企业的文化融合是不同的企业文化在碰撞中发生交流、互渗的过程，也是相异的文化特质相互适应、协调为文化整体的过程。企业重组可在较短时间内完成，但文化融合不可能一蹴而就、一劳永逸，需要不断丰富发展。

一是混合所有制企业的文化融合必须具有战略性、前瞻性，企业领导要把文化的有效融合放到一个突出位置，既要注意推进物质文化和制度文化的融合，更要注意推进企业精神文化的整合。

二是要尊重历史与现实，取长补短，扬优避劣，将重组前不同的优秀文化共性特征继承发扬光大；再者，随着时间的推移，要加强文化创新，通过企业文化与环境、管理各要素的有机结合，带动企业发展战略顺利实现。

三是要始终把"以人为本"作为文化融合的核心，积极营造有利于人才成长的良好环境，努力做到用事业造就人才、用环境凝聚人才、用机制激励人才、用制度保障人才，使人才更好地为企业发展服务。

通过提高企业文化融合的水平和实效，力争实现文化价值观与员工个人追求的和谐一致，企业文化与企业战略的和谐一致，文化优势和竞争优势的和谐一致。

五、结语

综上所述，没有先进的企业文化，就没有先进的企业，企业就不可能得到长久的生存和发展，只有塑造优秀的企业文化，才能更好地促进企业和谐发展。北元集团企业文化让员工不仅能"看得见"，还能"感受到"，让员工有获得感。企业文化建设永远在路上，北元集团将在"打造一流盐化工企业，奉献低碳多彩新生活"企业愿景的指引下，在传承中创新，在创新中发展，为企业高质量发展提供强大的精神动力和力量源泉，为推动陕西省经济文化事业的发展作出新的贡献！

依托创新、人才转型升级
勇挑国企时代担当

　　北元集团是由陕煤集团、民营企业等共同组建的大型化工企业，致力于聚氯乙烯、烧碱等现代化工产品的研发与生产，目前烧碱产能为 80 万吨 / 年，在陕西省内排名第一，全国排名第五，是山西地区氧化铝行业最大的烧碱供应商。面对内外部复杂环境、生产经营诸多挑战，北元集团强化党建引领，在运营管理、科技创新、环保低碳、社会责任履责等方面拓宽思路、升级转型，构建一体化循环产业链和低碳、高效、绿色化工产品产业链，增强了市场竞争力和高质量发展活力，实现了经济效益、社会效益和环境效益的有机统一。

一、提升人才队伍建设水平，夯实基础战略性支撑

　　人才队伍是支撑北元实现跨越式发展的根本力量和坚实支撑。二十载基业，人才为本。北元各个时期持续推进人才队伍建设，以人才推动企业改革发展。自 2003 年建厂以来，经过 20 余年发展，公司目前有员工 4600 余人，本科及以上学历人员占比 22%，现有

专业技术任职资格的 1419 人，有职业技能等级的 1835 人。北元集团从用人机制优化、培训体系构建、激励机制设计入手，为推动发展打造高素质人才队伍，夯实了战略性支撑。

（一）持续优化选人用人机制，充分激发活力

推行职业经理人制度，由董事会与领导班子统一签订任期目标责任书，坚持经理层成员契约化管理。实行机构精简，"十四五"期间，裁撤 45 个职能科室，对分子公司实施机构扁平化改革。2017年，公司率先探索试行混合所有制企业员工持股改革，对 41 名骨干人员实施股权激励，目前正在探索进一步扩大股权激励范围。2021 年，在化工分公司推行专业装置化"十"字形改革；2022 年将锦源化工整体架构由"六中心、三分厂"调整为"五中心"。对改革导致的暂时超编人员，根据具体情况进行转岗或重新培训上岗，通过补充至募投项目等方式逐步达到动态平衡。实现员工收入"能增能减"，激发员工工作积极性。2024 年公司开展技能职级评聘工作，增设能力工资，通过职级晋升拉开收入差距，实现了薪酬外部竞争性和内部激励性双提升。

（二）精心谋划培训工作，依托培训提升能力素质

将培训工作从组织层级、培训内容和方式分为三级体系、三个方面、四个层次，通过培训项目分类明确划分组织部门、业务分类和共性需求，并对培训具体内容从员工职业素养等多个维度进行细化。建立竞争性选拔人才机制，采取公开遴选、竞聘上岗模式，开展"师带徒"结对帮带，落实双向交流、岗位轮换培养机制，促进高水平职业技能人才不断涌现。创新培训理念，2023 年 1 月，公司成立企业管理部培训中心，开办首届员工"赋能培训"专题班，并

❖"赋能培训"军训汇演

已开始筹办第二届培训班。同时启动技术技能培训体系项目建设，线上练习、考试功能已上线试行。自主开展技能登记认定，2022年起开展3个工种1700余人的技能等级认定，2023年组织完成4个工种职业技能等级认定考试。

（三）通过薪酬优化，激励干事活力

开展员工持股改革，变"宽带"薪酬制为岗位职级制，形成以岗位价值为依据的差异化薪酬分配体系。通过差异化激励干事创业，对固浮薪酬比进行调整，实现员工收入与企业效益挂钩，形成良性的激励约束。采取单位负责人薪酬与业绩考核挂钩的方式，拉大各层级人员的收入差距，凸显"能做多大贡献，就有多大收益"理念。实行职业经理人制度，每届任期3年，坚持年度考核与任期整体考核相结合，考核结果与任期薪酬挂钩、与能否续聘挂钩。按

照先职业经理人、再探索全员推开，推行超额利润共享机制，让员工与企业形成利益共同体。

（四）通过关心员工家庭及生活，多措并举构建和谐的职企劳动关系

通过多平台多种方式宣传社保政策，确保职工清楚了解政策。依托业务充分争取就业补贴等政策红利，针对困难职工开展"金秋助学"等专项帮扶工作，持续开展"最美员工表彰""工匠技能比武"等活动，提升了广大职工的幸福指数，更促进了企业劳动关系和谐稳定。2018年4月，获得"陕西省劳动关系和谐企业"荣誉称号。2022年9月，经人力资源和社会保障部等4部门综合评定，获得"全国和谐劳动关系创建示范企业"称号。

二、聚力科技创新事业，促进高质量发展

集团践行创新驱动发展战略，凝心聚力，守正创新，在知识产权、科技信息管理等方面进步显著，科技创新综合竞争力得到显著提升，多项创新成果取得骄人成绩。公司于2018年6月成立科技研发中心，现有员工27人，由集团公司总工程师整体负责创新工作。在科技创新方面，北元集团坚持科学有效的管理体系支撑科技创新，从科研立项到项目评审，再到获得成果，全流程贯穿知识产权管理、管理方式不断优化，以及科技创新项目的统筹管理。

（一）加强知识产权管理工作

建立健全知识产权管理机制，将工作贯穿生产、研发、采购及销售的全过程；建立健全专利管理流程，对可产出知识产权成果的

项目优先予以立项，定期组织开展专利评估工作，2018 年，北元集团的专利"一种合成氯乙烯用的低汞触媒"获第十八届中国专利优秀奖；开展知识产权学习，组织参加行业政府知识产权管理相关学习与技术交流活动，创建"科技创新积分制管理体系"，组织专家组对知识产权成果进行评审奖励，以员工名字命名职工创新工作室和科技成果。参与发布国家、行业、团体标准 58 项，授权有效专利 418 项，其中发明专利 12 项。

（二）提高科技创新项目管理水平

创新优化管理模式和机制，建立修订《项目制＋薪酬制管理》《科技创新项目管理办法》，与科技创新项目负责人签订责任状，推行科技创新项目任务书评审机制，严格预算审核、严把质量关、严格验收标准。2018 年至今，公司批准立项科技创新项目共计 303 项，科技研发投入累计达到 5.8 亿元，化工、电力、电石、建材等方面多项科技创新成果实现转化落地。加大新产品开发力度，树脂产品增加到 42 种，居全国第一。荣获省部级科学技术奖 2 项，中国石油和化学工业联合会等协会科技创新类奖项 80 余项。

（三）规范科技信息管理

完善科技信息管理，设置专人专岗。搭建科技信息资源平台，定期编发科技信息专题分析报告，编制《科技信息月刊》《竞争对手知识产权分析报告》《科技政策信息解读》，促进内部信息的流通和协同创新，为决策部署提供参考。依托科学的管理和流程的规范化，北元集团 2019 年获批国家知识产权优势企业、陕西省知识产权示范企业，2022 年 10 月通过国家知识产权优势企业复核。2023 年获批国家知识产权示范企业。

三、践行"两山"理念，发展绿色循环经济

北元集团积极响应国家政策，扎实开展节能降碳和绿色发展工作，在管理制度建设、能源结构优化和新技术引进等方面深入研究和大力投入，确定了加大绿色节能技术开发与应用、构建能源管理体系、提高能源利用效率的重要发展方向。北元集团凭借资源、规模、循环产业链、区位和体制五大优势，积极发展循环经济产业，先后获得国家循环经济标准化试点企业、全国两化融合示范企业，2017—2022年连续5年荣获能效领跑者标杆企业、"十三五"节能减排先进单位、工信部"绿色工厂"等称号。"双碳"目标背景下，北元集团扎实开展节能降碳和绿色发展工作。

（一）发展循环经济产业，建成以 PVC 产品为核心的一体化循环经济产业链

集团内部以聚氯乙烯装置为核心，以"煤—电—电石—氯碱化工—工业废渣综合利用生产水泥"为构成环节，集合电力、水泥、电石、采卤等装置形成循环经济大循环。近年来，实施节能降碳改造，降低综合能源消费量和碳排放总量，扩充产业链条，坚持产业结构改革。2018年，投资建设了水泥余热锅炉，回收利用余热生产蒸汽供化工装置区使用，年节能量达1.7万吨标准煤。2020年，投资建设母液水深度处理装置，将母液水经过处理生产除盐水，同时将生产污水用于乙炔发生装置，实现了污水的"零排放"，年节约用水量达100万吨。

在园区循环链中，北元集团使用亚华热电蒸汽用于10万吨/年聚氯乙烯装置；使用神木化工多余氮气，解决氮气不足问题；与锦

界煤矿之间修建了输煤廊道，将煤利用输煤廊道供给公司，和瑞水厂的矿井疏干水通过地下管网向公司供应。通过循环经济产业链的实施，园区内物料得到综合利用。

（二）突出党建引领、党管生产的地位作用，形成绿色安全发展管理机制

第一，公司在生产经营中把党的领导管理贯穿全过程各方面，完成了水泥公司、锦源化工党建入章程，修订了《"三重一大"决策制度实施办法》《党委会议事规则》等制度，实现党的领导和公司治理有机统一。创新性创建"党管安全"标杆党组织，深化党支部标准化建设，形成以"5+2"立体考评模式为核心的"三位一体"管理体系，并入选国企党建优秀案例。第二，组建专职管理团队。成立了以董事长为组长的碳排放管理领导小组及监督管理机构，聘任分管生产的副总经理为公司能源管理负责人，聘任一批专职能源管理人员和碳排放管理员。第三，建立健全制度体系。出台了《能源管理办法》和《碳排放管理办法（试行）》，同步建立了"能源管理体系"和"碳排放管理体系"，为减碳固碳工作提供了体制机制保障。第四，辨识淘汰低能效设备。对照高耗能落后设备淘汰相关目录，核算耗能设备能效等级，对低能效等级、高耗能的设备制订更新淘汰计划，更新高效能设备，提升设备整体能效水平。近年来，累计完成800余台耗能设备的更换，年节电约600万千瓦时，年节能量730吨标准煤，减排二氧化碳约0.3万吨。第五，开拓风光新能源产业，实施源网荷储一体化升级，把"新能源＋储能＋二氧化碳消减＋化工"作为转型升级新路径，全力构建全流程智能制造、绿色低碳的现代产业体系。重点发展光伏、二氧化碳回收利用等六大项目。

（三）全面夯实环境保护主体责任并层层落实到位，推进"三废"专项治理

集团以公司安全生产 1 号文件要求，对生产过程中的废水、废气、废渣，通过制度建设、宣传教育、专项治理等措施应对处理。修订《环保风险抵押管理办法》等 4 项环保管理制度，完善《环境保护管控体系评审标准》。组织开展环保典型案例警示教育，提升全员生态环境保护意识。对照《国家危险废物名录》《危险废物鉴别技术规范》，开展固体废物全面辨识、环保设施运行管理专项整治，邀请陕西省环境科学学会专家对公司环保管理及环保设施运行安全管理进行专项诊断。

四、担当企业社会责任，实现发展回馈社会

北元集团积极响应各级政府号召，参与各类民生和慈善事业，累计投入资金4000余万元。参与陕西省"两联一包"，帮扶汉阴县、佳县、神木市等县（市）的部分扶贫开发工作重点村实现脱贫致富，助力乡村振兴。集团在陕西省 2019 年度、2020 年度脱贫攻坚考核中被评为优秀等次，并先后获得安康市社会扶贫先进集体、神木市脱贫攻坚优秀帮扶企业等荣誉。

（一）主动担当作为，发力脱贫攻坚战

集团在党中央提出的"打赢脱贫攻坚战"号召下主动担当作为，参与榆林市"千企千村"帮扶工程、神木市"百企兴百村"助力精准扶贫结对帮扶等项目活动，先后对口帮扶汉阴县田禾村和梨树河村、幸和村，佳县沙湾村，神木市乔巴泥沟村、南北沟

❖北元集团在汉阴县双河口镇梨树河村援建的蛋鸡养殖基地

村、枣梢沟村、石疙崂村，米脂县高西沟村。北元集团第一时间选派德才兼备、吃苦耐劳、工作能力强的同志及时入驻帮扶村，用实际行动诠释企业应有的责任和担当。驻村以来，第一书记和工作队员带着责任、带着感情，专心致志、脚踏实地开展工作，与当地群众"同吃、同住、同劳作"，结下了深厚情谊，树立了良好的企业形象。驻村工作队把强班子带队伍贯穿帮扶全过程，创新开展脱贫攻坚基础管理工作，推动各项工作落到实处、见到实效，为帮扶村留下了"不走的工作队"。选派的驻村第一书记贺磊在陕西省2018年度、2019年度、2020年度脱贫攻坚考核中被评为省级单位选派第一书记优秀等次。以产业帮扶"促造血"为抓手等一系列扶贫政策的精准实施，定期深入指导梨树河村制定脱贫攻坚对策，帮助梨树河村成立了3个专业合作社，通过"党支部＋贫困户"等模式吸纳社员覆盖全村脱贫户和有劳动力的农户。实现了从"输血"扶贫向"造血"扶贫的转变，2020 年，梨树河村建档立卡的 190 户 530 人全部脱贫出列；2022 年，梨树河村脱贫人口人均收入同比增长 15.3%。帮扶巴门沟村和乔巴泥沟村，分别捐款捐物 157 万元和 63.25 万元，用于修建养老院等。

（二）站上新起点，助力乡村振兴

集团严格按照各级政府及陕煤集团助力乡村振兴工作的统一安排部署，向梨树河村派驻驻村第一书记、驻村工作队员蹲点帮扶；对梨树河村村部进行了彻底的整改提升，打造了乡村振兴办公室，建立了梨树河村便民服务中心；援建 100 亩金银花产业园并于 2023 年实现采收盈利，帮助蛋鸡养殖厂实现自动化提质升级，达成生态养牛厂、生态散养鸡厂产权重组，全部收归村集体所有。同时对南北沟村、枣稍沟村、石圪崂村捐赠帮扶，建设饮水工程、改善人居条件等。抓好脱贫攻坚与乡村振兴衔接工作，推进产业扶贫与产业兴旺。编辑出版《情暖梨树河》一书，系统总结帮扶梨树河村、助力脱贫攻坚的经验做法，建设梨树河村文化广场，给当地农民群众提供休闲娱乐和健身的场所。

（三）接续发力，开启乡村振兴新征程

2023 年 6 月底，北元集团定点帮扶村调整为幸和村（双河口古镇，系 AAA 级景区）。未来，集团坚持以培育符合贫困地区自身条件的特色产业为基础，通过深入调研和反复对比，发挥自然禀赋和人力资源优势，切合当地村民绿色健康环保的生活新追求，科学谋划帮扶村未来发展，结合 AAAA 级景区创建工作，持续做好帮扶村未来发展顶层设计工作，发展契合帮扶村发展定位和盈利能力强的产业。

五、结语

北元集团自成立以来，已走过 20 余载发展历程，特别是进入新时代以来，凭借资源、规模、循环产业链、区位、体制与品牌优势，实现了高质量跨越式发展。未来，集团将持续推进"三品"战略，形成北元特色产品序列体系，围绕现有产业绿色转型、未来产业绿色发展，开启"新能源＋基础化工＋精细化工＋绿色材料"的发展篇章，为打造世界一流化工企业不懈奋斗，在建设美丽中国、全面推进中国式现代化的新征程上贡献北元力量！

后 记

本书是陕西北元化工集团股份有限公司党委和汇贤名家讲坛的一次合作调研课题的成果。

北元集团是一个起源于民营、国有相对控股的混合所有制上市企业，混改以来，该公司不断做实党建引领、做大产业规模、做优产业布局、做强产业竞争力，党的政治优势和组织优势不断转化为企业创新优势和发展优势，实现了高质量发展，在混合所有制混改上市企业中具有典型性和代表性。把这样一个企业的发展经验总结好，既有利于北元集团自身的进一步发展，也对国内同类型企业的发展具有借鉴和启发意义。本着这一初衷，北元集团和汇贤名家讲坛利用各自的优势开展了这次合作。

北元集团在发展中注重不断总结经验、有较好的文献积累，同时委托汇贤名家讲坛组织相关专家学者进行调查研究，对企业的发展提出建议、作理论提升。从2023年8月起，在专家调研组和北元集团写作组的共同努力下，查阅了大量的第一手材料，吸收借鉴了北元集团以往的工作报告、经验总结，开了几次座谈研讨会，形成初稿后几易其稿、反复打磨，力求能够把北元集团的发展成就表述得更客观、发展经验总结得更准确。在调研和写作过程中自始至终得到公司党委的指导，特别是党委书记、董事长史彦勇提出了具体指导意见。在本书出版之际，特向北元集团的全体领导和课题组全体成员、向汇贤名家讲坛组织的各位专家学者表示衷心的感谢。也感谢学习出版社的杨梦东总经理对本书出版的大力支持。

本书课题组

2024 年 9 月 20 日